Tobias Theel
Lara Theel

Zwischen den Wänden planen

Zwischen den Wänden planen

Gutes Bauen beginnt innen

Tobias Theel

Lara Theel

Bibliografische Information der Deutschen Nationalbibliothek: Die Deutsche Nationalbibliothek verzeichnet diese Publikation in der Deutschen Nationalbibliografie; detaillierte bibliografische Daten sind im Internet über http://dnb.dnb.de abrufbar.

Lektorat: Lara Theel
Korrektorat: Tobias Theel
Weitere Mitwirkende: Open The Box GmbH, STAND OUT DESIGN, INTERI.VISION

Verlag: BoD · Books on Demand GmbH, Überseering 33, 22297 Hamburg, bod@bod.de

Druck: Libri Plureos GmbH, Friedensallee 273, 22763 Hamburg

ISBN: 978-3-8192-0043-4

INHALTSVERZEICHNIS

V

VORWORT

Warum Räume mehr entscheiden, als man denkt

Wir bauen Wände – und hoffen auf Zuhause.

Doch zwischen dem ersten Entwurf und dem ersten Einzug liegt weit mehr als ein Bauplan. Es liegt eine ganze Welt aus Entscheidungen, Irrtümern, Hoffnungen – und nicht zuletzt aus Vorstellungen, die selten vollständig sind. Räume wirken nicht von selbst. Sie brauchen mehr als Fläche und Technik.

Sie brauchen eine Idee davon, wie wir leben wollen. Dieses Buch will dich einladen, genau dort anzusetzen: nicht bei DIN-Normen oder Quadratmetern, sondern bei dir selbst – deinem Alltag, deinen Bedürfnissen, deinen Möglichkeiten. Denn gutes Bauen beginnt innen. Und genau da fangen wir an.

Wenn Bauen innen beginnt

Wer baut, hat alle Möglichkeiten – zumindest theoretisch. Grundrisse lassen sich entwerfen, Wände verschieben, Materialien kombinieren, Farben abstimmen. Räume können offen oder geschlossen, reduziert oder verspielt, technisch oder sinnlich gedacht werden. Es gibt unzählige Wege – und fast ebenso viele Stolperfallen.

Denn auch wenn sich heute fast alles visualisieren, berechnen oder bestellen lässt, ist Bauen nie frei von Grenzen: Das Budget ist endlich, das Baurecht bleibt sperrig, Materialien folgen physikalischen Gesetzen. Zwischen Wunsch und Wirklichkeit liegt ein oft zäher Prozess aus Entscheidungen, Kompromissen und Nachbesserungen. Und über den persönlichen Geschmack lässt sich bekanntlich trefflich streiten.

Trotzdem – oder gerade deshalb – bleibt eines unbestritten: Wir brauchen Räume. Seit es Menschen gibt, brauchen wir ein Dach über dem Kopf. Selbst in der Höhle war es nicht egal, wo man schlief oder wie das Feuer stand. Raum ist nicht nur Schutz. Raum ist Orientierung. Identität. Lebensraum im wörtlichsten Sinn.

Und genau deshalb sollten wir nicht einfach „losbauen". Nicht unvorbereitet, nicht planlos – und schon gar nicht in der Hoffnung, dass irgendjemand anders das schon richten wird. Gutes Bauen beginnt innen: mit deinen Bedürfnissen, deinem Alltag, deinem Gefühl für Raum. Nicht mit der Fassade.

> Dieses Buch soll dir helfen, den Blick zu schärfen – für die Entscheidungen, die wirklich zählen.

Es gibt dir keine fertigen Antworten, aber klare Gedanken. Es ersetzt kein professionelles Team, aber es macht dich zu einem besseren

Gesprächspartner. Und wenn du tiefer gehen willst: In Kapitel 9 und 10 erfährst du, wie du mit Virtual Reality und Interior Design aus deinen vier Wänden mehr machen kannst als nur Räume – nämlich Lebensqualität.

Viel Freude und Inspiration beim Lesen – und wenn du merkst, dass du nicht alles allein entscheiden willst: Melde dich. Wir begleiten dich gern.

Du findest uns auf

https://stand-out-design.com

und

https://interi.vision

Darum „Du"

In diesem Buch sprechen wir dich ganz bewusst mit du an. Nicht, weil wir davon ausgehen, dass du alleine planst oder baust. Sondern weil wir glauben, dass jede gute Planung bei dir selbst beginnt. Mit deinen Gedanken, deinen Fragen, deinem Gefühl für Räume.

Ob du später gemeinsam mit jemandem baust, mit Architekt:innen arbeitest, Handwerker:innen koordinierst oder Entscheidungen mit einer ganzen Familie abstimmen musst – die erste Klarheit entsteht bei dir. Was brauchst du wirklich? Was fühlt sich für dich richtig an? Was willst du in deinem Alltag erleben – und was vermeiden?

Das Du richtet sich an dich – als Ausgangspunkt. Denn je klarer du selbst bist, desto leichter wird die Kommunikation mit anderen. Wer sich selbst versteht, kann besser erklären, was er oder sie braucht. Und das schafft Vertrauen, Gesprächsqualität – und letztlich bessere Ergebnisse.

Natürlich wirst du nicht alles alleine entscheiden. Aber wenn du dir deiner eigenen Wünsche und Prioritäten bewusst bist, kannst du tragfähige Kompromisse eingehen – ohne dich selbst dabei zu verlieren.

> Deshalb beginnen wir mit dir. Nicht exklusiv. Sondern bewusst.

Warum Haltung wichtiger ist als Stil

In der Architektur spricht man oft über Formen, Proportionen, Materialien. Im Interior Design über Farben, Möbel, Stimmungen. Doch was fast nie benannt wird – und doch alles prägt – ist: Haltung.

Dieses Buch ist aus Haltung entstanden. Nicht aus einer Stilrichtung. Nicht aus einer ästhetischen Vorliebe. Sondern aus der Überzeugung, dass gute Räume nur entstehen, wenn man weiß, was man wirklich will – und warum.

Haltung bedeutet, bewusste Entscheidungen zu treffen. Entscheidungen, die über reine Funktion oder Optik hinausgehen. Entscheidungen, die dem Leben dienen – nicht nur der Planung. Es geht darum, Verantwortung zu übernehmen: für das, was man zulässt, aber auch für das, was man weglässt. Für das, was trägt. Und für das, was bleibt.

Wer mit Haltung plant, denkt nicht in Mustern, sondern in Möglichkeiten. Fragt nicht nur: „Wie soll es aussehen?", sondern auch: „Wie soll es sich anfühlen?". Fragt nicht nur: „Was kostet es?", sondern: „Was ist es mir wert?".

Dieses Buch will dir keine Regeln vorgeben. Aber es will dir helfen, eine Haltung zu entwickeln – zu deinem Zuhause, zu deinen Bedürfnissen, zu deiner Art zu leben.

Denn Räume sind keine Kulissen. Sie sind Entscheidungen.
Und Haltung ist der Unterschied zwischen irgendeinem
Raum – und deinem.

Für alle, die es gern auf den Punkt mögen

Am Ende jedes Kapitels findest du eine kompakte Zusammenfassung der zentralen Inhalte.

Klar, strukturiert, schnell erfassbar.

Manchmal muss es schnell gehen – dafür sind diese Übersichten da.

Und manchmal hilft es, die Dinge erst in Kürze zu verstehen, um sie später in der Tiefe zu durchdringen.

KAPITEL 0

BEVOR DU (UM)BAUST

Was du brauchst – bevor du weißt, was du willst

Bauen beginnt selten mit einem Plan – oft beginnt es mit einem Gefühl. Dem Wunsch nach Veränderung. Nach mehr Raum, mehr Klarheit, mehr Passung. Das kann ein neues Zuhause sein. Oder ein bestehendes, das nicht mehr funktioniert. Denn nicht jeder baut neu. Viele bauen um. Und oft ist gerade der Umbau die größere Herausforderung: bestehende Strukturen, begrenzte Spielräume, alte Entscheidungen, die plötzlich nicht mehr tragen.

Aber ob du neu planst oder Bestehendes hinterfragst – am Anfang steht dieselbe Unsicherheit: Was brauche ich wirklich? Was passt zu mir – oder uns – nicht nur heute, sondern auch morgen? Und woran werde ich mich später täglich stören, wenn ich es jetzt nicht sehe?

Was dabei oft übersehen wird: Innen und Außen sprechen unterschiedliche Sprachen. Die Sprache des Außen: Fassade, Technik, Baurecht, Konstruktion. Die Sprache des Innen: Nutzung, Atmosphäre, Alltag, Gefühl. Beide sind wichtig. Aber nicht jeder spricht beide gleich gut. Viele Bauherren verstehen die Sprache des Außen – weil sie gelernt haben, wie ein Grundriss aussieht. Aber die Sprache des Innen bleibt oft unübersetzt. Und genau dort entstehen die echten Fehler.

Dieses Kapitel ist für genau diesen Moment: bevor du loslegst. Bevor du Entscheidungen triffst, Budgets festlegst und Räume definierst. Es hilft dir, den Blick zu schärfen – auf das, was du wirklich brauchst, bevor du glaubst, alles zu wissen.

> Denn gutes Planen beginnt nicht mit dem Außen. Sondern mit dem Innen.

Bauen heißt auch ein Lebensgefühl zu ermöglichen

Ein Haus ist kein Objekt, das man einmal aufstellt und dann abhakt. Es ist ein Rahmen – für Leben, für Alltag, für Routinen und Neuanfänge. Es schützt, strukturiert, formt. Und es wirkt zurück: auf uns, auf unsere Stimmung, auf unser Denken.

Darum reicht es nicht, dass Räume funktionieren. Sie müssen auch tragen. Sie müssen aushalten, was sich verändert – in dir, um dich herum, im Laufe der Zeit. Ein funktionaler Grundriss ist gut. Aber er reicht nicht. Denn viele Grundrisse funktionieren – und trotzdem fühlt sich das Wohnen darin falsch an.

Vielleicht kennst du das:

> Du ziehst in eine Mietwohnung. Vorher bekommst du den Grundriss – ein paar Striche, Maße, Türen, vielleicht eine kleine Visualisierung. Du überlegst: Passt das zu mir? Reicht das Bad? Wohin kommt mein Sofa? Dann bekommst du den Zuschlag. Du freust dich, bereitest den Umzug vor, planst das neue Leben. Und dann – kaum bist du drin – schlägt die Realität zu: Wieso sitzt der Lichtschalter genau da, wo dein Kleiderschrank hin muss? Warum kommt man beim Öffnen der Badezimmertür fast mit dem Knie ans Waschbecken? Passt dein Bücherregal wirklich an die Wand – oder war das im Kopf einfach größer gedacht? Du merkst: Der Grundriss mag technisch stimmen, aber das Leben hat seine eigenen Maßstäbe.

Und genau deshalb ist der Moment, in dem du baust oder umbaust, so wertvoll. Denn anders als bei einer Mietwohnung hast du jetzt mehr Freiheit. Nicht unbegrenzt – aber deutlich mehr. Und diese Freiheit ist eine Chance. Eine, die man nutzen sollte. Nicht leichtfertig, nicht einfach irgendwie – sondern bewusst. Mit Anspruch, mit Verstand und auch mit Gefühl.

Denn wieso solltest du die Möglichkeit aufgeben, es gut zu machen, wenn sie vor dir liegt? Oft bauen oder planen wir so, wie wir es kennen. Wir denken in Mustern, die uns vertraut sind – weil wir es nicht anders gelernt haben. Aber nur weil man etwas nicht kennt, heißt das nicht, dass es falsch ist. Und schon gar nicht, dass man es nicht machen sollte.

Gerade beim Bauen braucht es Neugier. Den Mut, Fragen zu stellen, Dinge zu hinterfragen, Möglichkeiten auszuloten. Nicht um des Andersseins willen – sondern um etwas zu schaffen, das wirklich passt. Denn sonst bleibt alles, wie es ist. Und das kann ja nicht der Sinn sein, wenn man sich schon die Mühe macht, zu bauen oder umzubauen.

Deshalb stellen wir eine andere Frage an den Anfang: Wie willst du dich fühlen, wenn du dort lebst? Was brauchst du, um dich sicher zu fühlen? Um dich frei zu fühlen? Um anzukommen?

Diese Fragen lassen sich nicht mit einem Maßstab beantworten. Aber sie helfen dir, den Maßstab für deine Entscheidungen zu finden.

Was dir niemand sagt, aber alle irgendwann spüren

Es gibt eine Lücke, die in keiner Planung auftaucht. Sie steht in keinem Leistungsverzeichnis, taucht in keiner Baubesprechung auf und ist auf keinem Bauplan eingezeichnet. Und doch ist sie da – spürbar, unausgesprochen, folgenreich: die Lücke zwischen Architektur und Alltag.

Denn auch wenn Grundrisse präzise, Leitungen normgerecht und Materialien korrekt verbaut sind – das heißt noch lange nicht, dass sich das Leben darin richtig anfühlt. Die meisten Bauherren merken das nicht sofort. Sie merken es später. Im ersten Winter. Beim Kochen im Alltag. Wenn morgens alle gleichzeitig ins Bad müssen. Wenn man feststellt, dass man immer im Flur steht, weil die Garderobe nicht gedacht wurde. Oder dass es keinen Ort gibt, an dem man einfach nur sitzen und nichts tun kann, ohne gestört zu werden.

Was in vielen Projekten fehlt, ist nicht Technik, sondern Haltung. Zu viele Entscheidungen werden getroffen, weil „man das eben so macht". Weil es statisch sinnvoll ist, handwerklich unkompliziert oder budgetär unproblematisch. Aber wenn Entscheidungen nur aus Technik, Norm oder Kostendruck getroffen werden, verliert man etwas Entscheidendes: die emotionale Qualität des Raums.

Dabei sollte jede Entscheidung, so klein sie auch sein mag, immer aus zwei Blickwinkeln betrachtet werden:

Funktion – Wie funktioniert das im Alltag?

und

Emotion – Wie fühlt sich das an?

Das bedeutet nicht, dass jede Lösung perfekt sein muss. Aber sie muss in sich stimmig sein. Manchmal bedeutet das Kompromiss. Aber ein bewusster Kompromiss fühlt sich anders an als eine unbeachtete Entscheidung.

Wer zu früh in die technischen Rahmenbedingungen abbiegt, verliert den Blick auf das Ganze. Und genau das ist es, was viele im Rückblick schmerzlich vermissen: nicht die Millimeter, sondern das Gefühl, dass alles an seinem Platz ist. Nicht weil es dort passt – sondern weil es dort richtig ist.

Für wen dieses Buch ist – und für wen nicht

Dieses Buch ist nicht für alle.

Nicht für diejenigen, die einfach nur schnell ein Haus oder eine Wohnung brauchen, ohne sich grundsätzliche Fragen zu stellen. Nicht für die, die Gestaltung als rein optischen Feinschliff verstehen. Und auch nicht für die, die glauben, dass ein technisch sauberer Plan automatisch zu einem guten Lebensraum führt.

Es ist für Menschen, die mehr wollen als Funktion – und trotzdem keine Spielerei suchen. Für Menschen, die Räume verstehen wollen, bevor sie

sie gestalten. Für alle, die wissen: Gutes Bauen braucht beides – Verstand und Gespür. Struktur und Atmosphäre. Technik und Haltung.

Wenn du also spürst, dass irgendetwas an einem Plan „nicht ganz stimmt", ohne sofort sagen zu können, was es ist – dann findest du hier eine Sprache dafür. Wenn du dir die Frage stellst, ob deine Räume nicht nur passen, sondern auch wirken, bist du hier richtig. Wenn du bereit bist, Entscheidungen nicht nur zu treffen, sondern nachvollziehbar und argumentierbar zu machen, dann wird dieses Buch dir helfen.

Denn auch das ist Teil guter Planung: Dass man mit anderen darüber sprechen kann. Dass man erklären kann, warum man etwas so und nicht anders will – sei es gegenüber Partner:innen, Architekt:innen, Handwerker:innen oder sich selbst. Dazu musst du kein Profi sein. Aber du brauchst ein klares Fundament. Dieses Buch hilft dir, es zu bauen.

Es ist für dich, wenn du bereit bist, nicht nur auf Regeln und Standards zu hören, sondern auf den Zusammenhang. Wenn du Räume willst, die durchdacht sind – technisch, funktional, atmosphärisch. Wenn du auch dann weiterdenkst, wenn andere schon auf „passt schon" schalten.

Dann bist du hier richtig. Nicht weil du schon alles weißt. Sondern weil du bereit bist, besser zu entscheiden.

Wie dieses Buch dir hilft, besser, klüger und bewusster zu planen

Dieses Buch will dir keine Patentlösung anbieten. Es ersetzt weder jahrelange Berufserfahrung noch die präzise Fachkompetenz von Architekt:innen, Innenarchitekt:innen oder Designer:innen. Und das ist auch nicht seine Aufgabe. Denn Planung ist kein Schema, das man einfach übernimmt – sondern ein Prozess, der auf Entscheidungen, Reflexion und Kontext basiert.

Was dieses Buch dir bieten kann, ist etwas anderes: eine klare Haltung, eine geschärfte Wahrnehmung und ein solides Fundament, auf dem du gute Entscheidungen treffen kannst. Es hilft dir, Denkfehler zu erkennen, bevor sie teuer oder dauerhaft werden – sowohl finanziell als auch emotional.

Du findest hier keine Checklisten, die sich Punkt für Punkt abarbeiten lassen. Stattdessen bekommst du Werkzeuge, mit denen du deine eigenen Entscheidungen fundiert entwickeln kannst. Entscheidungen, die nicht nur auf Regeln oder reiner Funktion beruhen, sondern immer auch das Lebensgefühl mitdenken. Denn Technik und Emotion schließen sich nicht aus – sie bedingen einander.

Dieses Buch zeigt dir, wie du Funktion, Raumstruktur, Lichtführung, Alltagstauglichkeit und Atmosphäre nicht als Einzelthemen, sondern als zusammenhängende Faktoren verstehen kannst. Es sensibilisiert dich für die Rolle von Interior Design, das als Bindeglied zwischen Technik und Mensch agiert, und gibt dir Einblick in digitale Tools wie Virtual Reality, die Planung nachvollziehbarer und greifbarer machen – besonders in der frühen Phase.

Und dennoch gilt: Auch das beste Buch kann dir keine echte Erfahrung ersetzen. Es kann dich vorbereiten, es kann dich schärfen – aber es kann dir nicht abnehmen, Verantwortung zu übernehmen und eigene Entscheidungen zu tragen. Manche Erkenntnisse entstehen erst durch das Erleben. Manche Klarheit erst durch den Konflikt. Und manches Gespür erst, wenn man sich selbst im Raum gespürt hat.

Technologie kann dabei helfen, aber vor allem auch der umfangreiche Erfahrungsschatz von Fachleuten.

Und: Wer die richtigen Fragen stellt, kommt seltener in die falsche Richtung. Und wer versteht, was ihm oder ihr wirklich wichtig ist, kann besser kommunizieren – mit sich selbst, mit Partner:innen, mit Planer:innen und mit dem Raum. Das ist der Anspruch dieses Buches. Und das ist der Anfang guter Planung.

Wenn Räume mehr können als nur bewohnbar sein

Wenn du dich auf die kommenden Kapitel einlässt, wirst du dein Projekt mit anderen Augen sehen. Du wirst nicht nur Flächen betrachten, sondern Zusammenhänge. Nicht nur Maße, sondern Möglichkeiten. Und du wirst beginnen, deine Entscheidungen bewusster zu treffen – weil du verstanden hast, worauf es dir wirklich ankommt.

Dieses Buch hilft dir, den Blick zu schärfen: für Qualität, nicht nur für Quadratmeter. Für das, was dich stört, bevor du es ertragen musst. Und für das, was dir fehlt, bevor es teuer oder unmöglich wird, es nachzuholen.

Wenn du bereit bist, Funktion und Emotion nicht als Gegensätze zu sehen, sondern als zwei Seiten derselben Entscheidung, kannst du Räume schaffen, die mehr leisten als bloß Ordnung zu halten. Räume, die dich nicht nur enthalten, sondern tragen. Räume, die dich jeden Tag unterstützen – durch Details, die man nicht auf den ersten Blick sieht, aber auf lange Sicht spürt.

> Und vielleicht wirst du nicht alles selbst machen. Vielleicht holst du dir Menschen an deine Seite, die deine Ideen professionell übersetzen. Aber auch dann gilt: Je klarer du bist, desto besser können andere für dich arbeiten.

Denn gute Räume entstehen nie durch Zufall. Sie entstehen aus Entscheidungen, die Haltung haben. Und sie wirken am besten, wenn sie sich nach dir anfühlen – nicht nur nach „man macht das so".

Was vor dir liegt, ist keine Bauanleitung. Es ist ein Kompass. Und wenn du bereit bist, ihn zu nutzen, wirst du den Unterschied nicht nur sehen. Du wirst ihn leben.

KAPITEL 1

DAS GROSSE MISSVERSTÄNDNIS

Warum Grundrissplanung ohne Interior Design in 90 % der Fälle schiefgeht

Die Baupläne hängen an der Wand, die Familie steht davor. Drei Schlafzimmer, offener Wohn-Essbereich, Technikraum, Gäste-WC. Auf einen Keller wurde verzichtet („zu teuer"). Alles scheint durchdacht. Die Fenster sind sinnvoll gesetzt, die Quadratmeter effizient verteilt. Aber dann stellt jemand die Frage, die alles verändert: „Wohin kommt eigentlich unser großer Esstisch?" Stille. Dann ein Schulterzucken. „Der passt da schon irgendwie rein." Und genau da beginnt das Problem, obwohl er ja im Plan richtig eingezeichnet war.

In vielen Planungen fehlt nicht das Handwerk. Es fehlt der Raum fürs Leben – im wörtlichen wie im übertragenen Sinn. Denn zwischen den Strichen auf dem Papier und dem Alltag in den eigenen vier Wänden liegt eine Lücke, die oft unterschätzt wird. Es ist die Lücke zwischen Hülle und Inhalt, zwischen Baukörper und Wohngefühl.

Grundrisse, die technisch funktionieren, sind nicht automatisch alltagstauglich. Und selbst durchdachte Architektur bleibt unvollständig, wenn niemand die Nutzung aus der Sicht der Menschen ausreichend durchdenkt und bespricht, die später darin leben.

Dieses Kapitel zeigt, warum der Irrtum so hartnäckig ist, dass man mit einem guten Plan schon alles erledigt hat – und warum die Realität nach dem Einzug oft ein ganz anderes Bild zeichnet.

„Aber das macht doch der Architekt...?"

Der Grundriss sah beeindruckend aus. Offene, großzügige Räume. Ein Lichthof mit Treppenhaus, Fitnessraum im Untergeschoss, Gästezimmer mit eigenem Bad. Zwei Kinderzimmer, viele Details. Lichtsteuerung über KNX-Bus, hochwertige Materialien, alles vom Architekturbüro fein geplant und sauber dargestellt. Kein Zweifel: Ein Haus, das Eindruck macht – auf dem Papier.

Unser Auftrag war, die bestehenden Architektenpläne in ein Virtual-Reality-Modell zu überführen, damit der Bauherr das Haus schon vor Baubeginn erleben konnte. Sich durch die Räume bewegen. Spüren, was es heißt, dort zu wohnen. Keine statischen Pläne mehr – sondern ein echtes Raumgefühl.

Und genau da begann etwas, das in der 2D-Welt verborgen geblieben war. Auf dem Papier wirkte der Essbereich großzügig. Der Esstisch: schön gesetzt, mit zehn Stühlen drum herum. Man sah es vor sich – Gäste beim Abendessen, Gespräche, Musik, eine offene Verbindung

zum Wohnbereich mit Sofa, Kamin und Blick nach oben in den Lichthof. Ein perfektes Bild.

Doch in der Virtual Reality war das Bild plötzlich ein anderes.

Der Tisch – den man sich in der Planung als Mittelpunkt des Gesche-
hens vorgestellt hatte – wirkte auf einmal schmal. Zu schmal. Fast wie
ein Campingtisch. Das erste Gefühl war: Da stimmt was nicht. Vielleicht ein Fehler bei der Skalierung? Ein Darstellungsproblem?

Nein. Kein technischer Fehler. Sondern: Realität.

Die Architektin hatte einen Tisch mit 60 Zentimetern Tiefe einge-
plant. Kein Familientisch, kein Ort für lange Abende mit Gästen. Kein
Mittelpunkt – eher ein Durchgangsposten. Ein Möbelstück, das im
Plan gut aussah, aber im Raum völlig versagte.

Und als wäre das nicht schon irritierend genug, fiel dem Bauherrn
später noch etwas anderes auf: Die Raumhöhe war zu niedrig. Nicht
dramatisch – aber spürbar. Drückend. Vor allem in einem Raum, der
eigentlich Weite und Offenheit suggerieren sollte. Doch das sagte er
uns erst zwei Wochen später. Weil er dachte, vielleicht liegt es an ihm.
Vielleicht war sein Eindruck falsch.

War er nicht. Sein Eindruck war richtig. Denn in VR zählt nicht, was
gedacht war – sondern, was spürbar wird.

Das war der Moment, in dem klar wurde: Pläne sind keine Räume.
Und Architektur ist nicht automatisch Innenraum.

Was hier passiert ist, passiert oft. Es ist kein persönliches Versagen. Es ist
ein systemisches Problem.

Denn Architekten gestalten primär die Hülle. Sie planen Volumen, Proportionen, Baukörper, Fassaden, Fensterachsen. Das ist wichtig – aber es
ist eben nur ein Teil der Realität. Die Innenräume – wie sie sich anfühlen,

wie man sich darin bewegt, wie sie im Alltag funktionieren – werden oft nur mitgedacht. Nicht durchdacht. Und genau das führt dazu, dass Räume „eigentlich gut geplant" sind – aber später nicht funktionieren.

Dazu kommt: Ein 2D-Plan ist eine technische Abstraktion. Man erkennt Maße, aber nicht Wirkung. Man sieht Platz, aber nicht Präsenz. Man kann die Wege messen, aber nicht die Atmosphäre spüren. Und ohne ein Gefühl für Tiefe, Licht, Körperproportion und Bewegung bleiben viele Entscheidungen rein formal. Was in der Draufsicht stimmig wirkt, ist in der Realität oft eine Enttäuschung.

Deshalb ist es gefährlich, davon auszugehen, dass „die Architektin das schon richtig gemacht hat". Sie plant, was sie planen soll – und das macht sie meist sehr gut. Aber sie plant nicht zwingend, wie du leben willst. Das ist ein anderer Auftrag. Eine andere Perspektive. Ein anderer Fokus.

Und genau dafür braucht es Innenarchitektur oder Interior Design. Nicht für Kissen und Farben. Sondern für den Raum als Lebensraum. Für das Zusammenspiel von Nutzung, Alltag, Körper, Möbel, Licht, Gefühl – und den Entscheidungen, die das alles verbinden.

Diese Geschichte steht exemplarisch für ein verbreitetes Missverständnis: Dass gute Architektur automatisch gutes Wohnen bedeutet. Dass Quadratmeter gleich Lebensqualität sind. Dass „funktioniert auf dem Plan" auch heißt: funktioniert im Alltag.

> Doch Leben ist mehrdimensional. Es ist kein Schnitt und kein Raster. Es ist Bewegung, Intuition, Wiederholung, Störung, Stimmung. Es ist auch mehr als nur 3D.

Und genau deshalb genügt es nicht, wenn man beim Planen nur auf Technik, Maße und Vorgaben achtet. Man muss auch sehen, was der Raum mit einem macht – bevor man ihn baut. Man muss Fragen stellen, die nicht in der Baubeschreibung stehen. Und man muss sich trauen, Dinge in Frage zu stellen, die auf dem Plan perfekt aussehen.

Denn die Kosten entstehen nicht, wenn man ein Möbelstück später neu kauft. Sie entstehen, wenn ein Raum dauerhaft nicht funktioniert – oder sich dauerhaft nicht richtig anfühlt. Und das zu korrigieren, ist nicht nur teuer. Es ist oft unmöglich.

Die unsichtbare Lücke zwischen Hülle und Leben

Viele denken beim Bauen zuerst in Funktionen: Wo kommt die Küche hin? Wie viele Quadratmeter brauchen wir pro Raum? Wie ist der kürzeste Weg vom Schlafzimmer ins Bad? Solche Fragen sind wichtig. Aber sie greifen zu kurz. Denn nur weil ein Raum funktioniert, heißt das nicht, dass er auch lebt. Und genau das ist die große Lücke: zwischen dem, was technisch korrekt ist – und dem, was sich richtig anfühlt.

Ein perfekt gezeichneter Grundriss kann am Ende zu einem Haus führen, in dem man sich nicht wohlfühlt. Weil der Blick vom Sofa direkt auf die Toilettentür fällt. Weil der Flur wie ein Tunnel wirkt, obwohl er laut Plan großzügig ist. Weil der Wohnbereich zwar riesig ist – aber kein Ort entsteht, an dem man wirklich ankommt. Das Problem liegt nicht in der Funktion, sondern in der Abwesenheit von Atmosphäre. Oder anders gesagt: Das Problem liegt in der Planung, wenn sie nur auf Funktion ausgerichtet ist.

Ein Raum braucht mehr als Maße. Er braucht Proportion, Stimmung, Beziehung. Und all das entsteht nicht erst bei der Einrichtung, sondern in den Entscheidungen, die viel früher getroffen werden.

Ein Satz von Charles Eames bringt es auf den Punkt:

„Die Details sind nicht die Details. Sie sind das Design."

Gemeint ist: Details sind nicht Verzierung. Sie sind Substanz. Sie beeinflussen, wie ein Raum funktioniert – und vor allem, wie er sich anfühlt. Ein Lichtschalter an der richtigen Stelle. Eine Tür, die nicht im Weg steht. Eine Fensteröffnung, die einen bestimmten Blick einfängt. Das sind keine Nebensächlichkeiten. Das sind die Bausteine dessen, was wir später „gutes Wohnen" nennen.

Denn: Funktion kann Emotion erzeugen. Und Emotion kann eine neue Funktion verlangen. Wer morgens von natürlichem Licht geweckt wird, beginnt den Tag anders. Wer sich in einem Raum intuitiv orientieren kann, fühlt sich sicher. Wer merkt, dass etwas „nicht ganz stimmt", hat meist recht – auch wenn er es nicht technisch begründen kann.

Deshalb ist es so gefährlich, sich beim Planen ausschließlich an Zahlen, Regeln und Tabellen zu orientieren. Denn sie bilden nur eine Hälfte der Wahrheit ab. Die andere Hälfte liegt im Gefühl – im Leben selbst. Und genau da muss Design ansetzen: als Verbindung von Technik und Wahrnehmung, von linker und rechter Gehirnhälfte, von Ratio und Intuition.

Wer Räume plant, plant immer auch das Erleben. Ob bewusst oder nicht.

Deshalb reicht es nicht, wenn ein Haus einfach nur „fertig" ist. Es muss auch fertig gedacht sein. Mit einem Verständnis dafür, dass Wohnen nicht nur ein räumlicher Vorgang ist – sondern ein menschlicher. Und dass ein guter Raum nicht entsteht, weil alles passt, sondern weil alles zusammenwirkt.

Die größten Denkfehler von Bauherren

„Wir brauchen erst mal nur den Grundriss." Das ist einer der häufigsten Sätze in Bauprojekten – und einer der gefährlichsten. Denn diese Haltung verschiebt wichtige Entscheidungen nach hinten. So, als würde man ein Auto bauen, bevor man weiß, wofür man es braucht: Stadt oder Land, Transport oder Reise, sportlich oder komfortabel?

Ein Grundriss ist kein Ziel. Er ist ein Werkzeug. Aber wer glaubt, mit einem fertigen Grundriss sei das Haus im Kopf schon gebaut, übersieht das Wesentliche: wie es sich anfühlen soll. Welche Abläufe, welche Stimmung, welche Atmosphäre darin entstehen soll. Und wie man darin lebt – nicht nur, wie man darin wohnt.

Der zweite große Denkfehler: „Pinterest hilft mir schon." Ja, Inspiration ist hilfreich. Aber sie ersetzt keine Planung. Bilder sind Momentaufnahmen, oft aus völlig anderen Kontexten – räumlich, klimatisch, baulich. Sie zeigen oft schöne Möbel, aber keine funktionierende Abläufe. Sie zeigen Lichtstimmungen, aber keine Installationspläne. Vor allem aber zeigen sie nicht dich.

Was auf Pinterest wirkt, muss nicht bei dir funktionieren. Und was du schön findest, heißt noch lange nicht, dass es sich in deinem Raum umsetzen lässt – zumindest nicht ohne Kompromisse, Konflikte oder neue Ideen. Wer nur nach Bildvorlage plant, baut sich ein Moodboard, aber kein Zuhause.

Denkfehler Nummer drei: „Design kommt später." Nein – tut es nicht. Oder sagen wir: Es sollte es nicht. Denn wenn Design erst dann dazukommt, wenn alles schon steht, dann ist der Handlungsspielraum oft vorbei. Dann kann man noch Möbel rücken, ein paar Lampen tauschen, vielleicht eine Wandfarbe ändern. Aber man kann nicht mehr eingreifen in Raumproportionen, Achsen, Blickrichtungen, Lichtführung, Funktionalität. Design entscheidet sich nicht bei der Deko – sondern in der Struktur.

Es ist ein Denkfehler zu glauben, dass sich Gestaltung immer „nachträglich" lösen lässt. Gutes Interior Design beginnt nicht bei der Vase, sondern bei der Raumaufteilung. Es macht keinen Sinn, Räume zu planen, ohne zu wissen, wie sie eingerichtet werden sollen. Denn wie du wohnst, entscheidet, wie du lebst. Und wie du lebst, entscheidet, wie du planen solltest.

> Bauen ohne Design ist wie Kochen ohne Rezept. Man kann Glück haben – oder es wird eine teure Überraschung. Wenn es nicht schmeckt und man nichts anderes als Ersatz essen kann, dann wird es schwierig.

Diese Denkfehler sind verbreitet. Und sie sind menschlich. Aber wer sie früh erkennt, spart nicht nur Geld, sondern vor allem Enttäuschung. Denn es ist leichter, gut zu planen – als schlecht zu korrigieren.

Wenn die Realität einzieht

Niemand plant, um sich später zu ärgern. Und doch hört man nach dem Einzug immer wieder dieselben Sätze. Nicht aus Dummheit – sondern weil vieles erst auffällt, wenn man darin lebt. Hier sieben echte Beispiele aus der Praxis:

Beispiel 1. „Das Wohnzimmer ist viel kleiner, als ich dachte."

Auf dem Plan hat der Raum gestimmt. 40 m² – großzügig. Aber ohne Maßbezug, Möblierung oder Raumgefühl bleibt Fläche abstrakt.

Was passiert, wenn das Kinderzimmer zu klein ist oder die Kinder lieber im Wohnzimmer spielen? Dann wird das Wohnzimmer zum Spielzimmer. Bist du schon einmal auf einen Legostein gestiegen, obwohl Lego eigentlich nur im Kinderzimmer gespielt werden soll? Ein unangenehmes und sehr einprägsames Erlebnis.

<u>Was fehlte:</u> Die Vorstellung vom Maßstab. Kein Plan zeigt, wie voll ein Raum wird, wenn Sofa, Tisch, Wege und echte Nutzung zusammenkommen.

Beispiel 2. „Die Küche ist supermodern – aber ich stoße ständig irgendwo an, oder aneinander."

Die Geräte sind hochwertig, die Optik stimmt. Doch die Abstände sind zu knapp, die Bewegungsachsen kollidieren.

Funktion ist mehr als Technik – sie beginnt beim Gehen, Greifen, Kochen. Manchmal muss man eben die Spülmaschine ausräumen und gleichzeitig auf dem Herd kochen und an die Spüle ran, um die Nudeln abzugießen. Wenn das von zwei Leuten zur selben Zeit erledigt werden muss, dann gibt es schon mal blaue Flecken oder Scherben – und wo ist nun die Steckdose für den Staubsauger, denn der Akkusauger saugt nicht alles zuverlässig ein?

<u>Was fehlte:</u> Eine ergonomische Planung aus der Alltagsperspektive.

Beispiel 3. „Ich hätte nie gedacht, wie laut es durch den Flur und den Luftraum nach oben dröhnt."

Der offene Wohnbereich mit Galerie war ein architektonischer Wunsch. Alles sollte weitläufig, modern, lichtdurchflutet sein – ein Raumgefühl wie aus dem Magazin. Doch Akustik wurde nicht mitgedacht.

Gerade bei glatten Wänden, harten Böden und reduzierter Möblierung entsteht ein Nachhall, der Gespräche unangenehm auflädt. Je größer und leerer ein Raum, desto lauter wird er – besonders bei Kinderlärm, Besuch oder Hintergrundgeräuschen. Und große Teppiche können schon etwas ins Geld gehen, deshalb haben wir nur den billigen Webteppich aus Poly-Irgendwas im Möbelhaus gekauft.

Die offene Gestaltung hat ihren Reiz – aber ohne akustische Zonierung oder schallabsorbierende Flächen wird aus Leichtigkeit schnell Lärm.

Und aus dem Traum vom offenen Wohnen ein Alltag voller Reizüberflutung.

<u>Was fehlte:</u> Die Vorstellung, dass Räume Schall nicht nur tragen – sondern verstärken.

Beispiel 4. „Mein Kleiderschrank passt gar nicht in die Nische, die ich dafür geplant hatte."

Die Nische hatte Maß – aber nicht das richtige. Der Schrank war zu tief, die Türen gingen nicht auf. Man sieht es heute oft: Schlafzimmer und Bad werden durch eine zurückspringende Wand getrennt. Auf der einen Seite soll der Schlafzimmerschrank stehen, auf der anderen der Badschrank. Eine clevere Idee – wenn sie durchdacht ist. In der Praxis sieht es oft anders aus: Die Wand springt zwar zurück, aber der Schrank ragt vorne raus. Oder schlimmer noch: In der Ecke steht eine Säule, die nicht ganz in der Ecke stehen kann – weil noch ein Unterzug gestützt werden muss. Plötzlich ist da ein unbrauchbarer Versatz im Raum, die Schranktüren klemmen, die Stellfläche ist dahin.

Solche Details wirken winzig im Grundriss – aber sie entscheiden, ob ein Raum funktioniert. Denn Wand ist nicht gleich Wand. Und „Nische" ist keine Garantie für Passgenauigkeit, wenn Struktur, Tragwerk und Einrichtung nicht frühzeitig zusammen gedacht werden.

Beispiel 5. „Ich finde einfach keine gemütliche Lichtstimmung – egal, was ich anschließe."

Steckdosen, Spots, Lichtschalter – alles nach Norm. Aber nichts erzeugt Atmosphäre. Denn was heute oft passiert: Hauptsache, das RGB-Lichtband ist da – steuerbar per App, natürlich über WLAN. Aber dann ist das Licht zu schwach, das Weiß zu kalt oder zu bunt, und keiner weiß, was eigentlich „Grundbeleuchtung" bedeutet. Die Deckenlampen wirken grell, die LED-Leisten wirken nett, aber nicht funktional.

Das Ergebnis: Alles leuchtet irgendwie – aber nichts leuchtet richtig. Keine Zonen, keine Tiefe, keine Stimmung. Dabei braucht gutes Licht klare Ebenen: Grundbeleuchtung, Akzentbeleuchtung, Stimmungslicht. Und vor allem – es braucht einen Plan. Wer Licht erst anschließt, wenn der Raum fertig ist, kommt selten über den Showroom-Effekt hinaus. Smart ist nicht gleich stimmig.

Was fehlte: Ein Lichtkonzept. Licht ist kein technisches Add-on – es ist Stimmung, Orientierung, Raumgefühl. Und das entsteht nicht automatisch.

Beispiel 6. „Der Esstisch passt – aber man kann nicht mehr richtig drumherumgehen."

> Die Fläche war eingezeichnet, der Tisch war „vorgesehen". Aber was fehlte: die Planung für das Leben darum herum. Laufwege, Stühle, Bewegungen – all das wurde nicht mitgedacht. Man stößt an, kreuzt sich, weicht aus. Und statt Leichtigkeit entsteht Reibung: überraschende Begegnungen, ungewollte Nähe, ständiges Ausweichen im Alltag.

Was bringt ein großer Tisch, wenn man sich seitlich durchquetschen muss? Wenn der Stuhl gegen die Wand stößt oder niemand mehr bequem Platz nehmen kann? Oft werden nur die reinen Möbelmaße berücksichtigt – aber nicht die Nutzung drumherum: kein Platz zum Ziehen der Stühle, kein Weg hinter dem Sitzenden, keine Ablageflächen in Reichweite. So wird aus einem großzügigen Essbereich im Plan schnell ein beengter Kompromiss in der Realität.

Was fehlte: Eine realitätsnahe Betrachtung. Wohnen ist kein statisches Arrangement – es lebt davon, dass man sich frei bewegen, aufstehen, bedienen, miteinander sprechen kann.
Wohnen ist dynamisch, so wie auch das Leben.

Beispiel 7. „Ich wusste nicht, wie viel es ausmacht, wenn eine Tür in die falsche Richtung aufgeht."

Türen gelten oft als reine Funktionselemente – ein Durchgang, ein Scharnier, ein Standardmaß. Aber im Alltag merkt man schnell, dass jede Türführung eine Entscheidung ist: über Sichtachsen, über Lichtverläufe, über das, was ein Raum zeigt – oder verdeckt.

Wenn eine Tür nach innen aufschwingt und genau den einzigen Stellplatz für ein Möbel blockiert, ist das nicht einfach ärgerlich – es kann den gesamten Raum unbrauchbar machen. Oder sie öffnet direkt auf die Toilette, auf unruhige Ecken oder das Chaos im Kinderzimmer – und stört das Gesamtgefühl, ohne dass es jemand vorher „gesehen" hat. Besonders bei kleinen Räumen, engen Fluren oder multifunktionalen Zonen wird jede Öffnungsrichtung zur raumbildenden Maßnahme.

> <u>Was fehlte:</u> Die Detailplanung mit Blick auf tatsächliche Nutzung, Alltag und Raumwirkung. Türen sind keine Nebensache – sie bestimmen, wie Räume sich öffnen, abgrenzen, funktionieren. Und damit, wie sie sich anfühlen.

Erleben hat Konsequenzen – manchmal zu spät

Viele dieser Sätze fallen spät – oft erst nach dem Einzug, mit einem Seufzer, einem Schulterzucken oder schlichtem Frust. Dann haben sie Gewicht. Dann wird klar: Es wurde nicht unbedingt schlecht gebaut, sondern an der falschen Stelle zu früh entschieden. Ohne Erfahrung. Ohne Weitblick.

Nicht mehr Technik hätte geholfen, sondern mehr Vorstellungskraft. Nicht mehr Normen, sondern der richtige Blickwinkel.

Bauen – oder auch Umbauen – ist ein Projekt mit steiler Lernkurve. Wer das zum ersten Mal macht, trifft zwangsläufig Entscheidungen, die später teuer werden. Nicht nur finanziell, sondern emotional. Wir haben Paare erlebt, die im Planungsgespräch näher an der Trennung standen als am Einzug.

Und selbst wenn du schon einige Jahrzehnte Wohnerfahrung hinter dir hast – jedes Haus ist anders. Jedes Leben verändert sich. Und du selbst bist nicht jeden Tag gleich. Viele glauben, sie kennen ihre eigenen Bedürfnisse am besten – bis sie zum ersten Mal den Raum bewohnen, den sie selbst geplant haben.

Gerade da hilft die Außenperspektive: jemand, der nicht nur zuhört, sondern auch mitdenkt. Der die blinden Flecken sieht – weil du sie selbst nicht sehen kannst. Und weil es eben nicht darum geht, alles selbst zu wissen, sondern sich besser entscheiden zu können.

Denn das Leben prüft jede Entscheidung. Und es stellt Fragen, auf die ein Grundriss keine Antwort gibt.

Deshalb: Denke nicht wie ein Bauherr. Denke wie jemand, der hier wirklich leben will. Dann wird aus Fläche ein Gefühl – und aus deinem Projekt ein Zuhause.

Was schlechte Planung wirklich kostet

Viele Bauherren unterschätzen nicht nur den Aufwand – sie verdrängen ihn. Sie fixieren ein Einzugsdatum, bestellen Fenster und Böden, bevor auch nur klar ist, wie die Räume tatsächlich funktionieren sollen. Irgendwann merken sie: Die Planung hängt. Es fehlt an Entscheidungen, an Klarheit, an Weitblick. Und dann beginnt das eigentliche Drama: Zeitdruck. Die Architektin muss plötzlich „schneller liefern", der Interior Designer wird genervt angerufen, weil das Farbkonzept „doch mal langsam fertig werden muss". Aber gute Gestaltung entsteht nicht unter Druck – sondern durch Tiefe, Kommunikation und Iteration.

Dann folgen Missverständnisse. Streit. Schlechte Stimmung. Manchmal sogar ein Anwaltschreiben. Und das Karma? Das kommt beim Einzug: Die Möbel passen nicht, der Raum hallt, das Licht ist unangenehm, das Kinderzimmer fühlt sich falsch an. Jetzt ist es zu spät – und du lebst jeden Tag in dem Ergebnis deiner eigenen Ungeduld. Das Problem: Du kannst niemandem die Schuld geben. Auch wenn du willst. Auch wenn du's versuchst.

Denn am Ende warst du derjenige, der nicht zugehört hat. Der die Expertise übergangen, die Empfehlungen ignoriert, die Warnungen beiseitegeschoben hat. Und dieser Frust – der bleibt. Er wird zum emotionalen Abdruck im Raum. Du wirst ihn jedes Mal spüren, wenn du das Licht einschaltest oder an der Garderobe hängen bleibst.

Fachleute spüren solche Konstellationen im ersten Gespräch. Und sie lehnen sie ab. Weil sie wissen, dass keine gute Zusammenarbeit entstehen kann, wenn der Kunde sich selbst im Weg steht.

Du willst mit echten Profis arbeiten? Dann fang damit an, wie einer zu denken und zu handeln.

„Die bittersten Tränen, die wir weinen, sind die über unbedachte Entscheidungen." (Unbekannter Autor)

Zusammenfassung:

- Architekturpläne zeigen bauliche Struktur, aber nicht das tatsächliche Nutzungserlebnis im Alltag.

- Die Lücke zwischen äußeren Parametern (Grundriss, Technik) und innerem Erleben (Atmosphäre, Funktionalität) wird oft unterschätzt.

- Viele Bauherren verlassen sich auf Architekten, ohne die eigene Verantwortung für den Innenraum zu erkennen.

- Virtual Reality offenbart regelmäßig gestalterische und funktionale Schwächen, die auf dem Papier nicht sichtbar sind.

- Der Alltag stellt Anforderungen, die in klassischen Planungen häufig nicht berücksichtigt werden (Bewegungsflüsse, Möbelplatzierung, Lichtführung).

- Fehlendes Interior Design führt zu funktionalen Räumen ohne emotionale Tragfähigkeit – das wirkt sich langfristig negativ auf das Lebensgefühl aus.

- Gute Planung entsteht nur durch Integration von Nutzungsperspektive, emotionaler Qualität und gestalterischer Präzision.

KAPITEL 2

DESIGN = FUNKTION + EMOTION

Warum gutes Design nicht dekoriert, sondern denkt – und was das mit dir als Bauherr zu tun hat.

Design ist kein Sahnehäubchen. Es ist das Fundament – nicht die Dekoration. Wer Design mit „schöner Wohnen" verwechselt, unterschätzt seine Wirkung. Denn gutes Design entscheidet nicht nur über Stil, sondern über Lebensqualität. Es legt fest, wie du dich in einem Raum bewegst, orientierst, zurückziehst oder ankommst. Es definiert, wie funktional dein Alltag läuft – und wie gut er sich dabei anfühlt.

Und vor allem: Design beginnt nicht am Ende eines Projekts. Es beginnt ganz am Anfang – lange bevor die ersten Wände stehen. Wer zu spät darüber nachdenkt, wo Licht fällt, wo Menschen sitzen, wo Dinge verstaut werden, muss später Kompromisse machen, die vermeidbar gewesen wären.

Design denkt mit. Es schaut nicht nur auf Farben, sondern auf Zusammenhänge. Es stellt die richtigen Fragen: Was brauchst du wirklich? Wo willst du dich wohlfühlen – und warum gerade dort? Was muss ein Raum leisten, damit du dich getragen fühlst – nicht nur „versorgt"?

Dabei geht es nie um reine Optik. Design ist kein Möbelkatalog und keine Instagram-Ästhetik. Es ist Struktur, Haltung, Intelligenz – übersetzt in Raum. Und wenn du als Bauherr beginnst, so zu denken, wirst du andere Entscheidungen treffen. Bessere. Klarere. Langfristige.

Dieses Kapitel zeigt dir, warum Design nicht schmückt, sondern steuert. Warum es dir hilft, dich selbst besser zu verstehen. Und warum ein guter Raum nicht nur aussieht, als wäre er durchdacht – sondern es auch ist.

Design beginnt vor dem Bauen – nicht danach

Die größte Fehlannahme vieler Bauherren: Design kommt zum Schluss. Erst wird gebaut, dann dekoriert. Vielleicht wird irgendwann noch eine Innenarchitektin „draufgeschaut haben". Und wenn alles steht, kommen Farben, Möbel, Deko. Das klingt logisch – ist aber ein folgenschwerer Denkfehler. Denn gutes Design entsteht nicht am Ende, sondern ganz am Anfang. Und es beeinflusst von Beginn an, wie Räume später funktionieren – und sich anfühlen.

> Design heißt nicht „schön machen". Es heißt: vorausdenken.
> Entscheidungen treffen, bevor sie teuer werden. Und zwar
> nicht nur technische, sondern auch emotionale.

Funktionalität bedeutet nicht nur, dass ein Raum „nutzbar" ist. Es heißt zum Beispiel: Wenn du einen Schrank planst, dann musst du wissen, was du darin unterbringst. Brauchst du nur ein paar Jacken? Oder eine Wintergarderobe für fünf Personen mit Sportausrüstung, Hundeleine und Regenschirm? Im Bad: Wie viele Handtücher willst du gleichzeitig aufhängen? Wo soll der Föhn hin? Wie groß muss die Ablagefläche sein, damit nicht alles feucht wird?

Emotion dagegen fragt: Wie willst du diesen Raum erleben? Nervt es dich, wenn du eine Schranktür nur mit einem Drehverschluss öffnen kannst – während du Taschen in der Hand hast? Dann ist das nicht nur ein Komfortproblem, sondern eine tägliche Frustquelle. Oder: Stell dir vor, du willst im Bad genau das Gefühl wieder spüren, das du auf deiner Hochzeitsreise hattest. Ein bestimmtes Licht, eine besondere Farbigkeit, ein architektonischer Rhythmus. Vielleicht ein spezieller Duft. Dann geht es um Atmosphäre, Erinnerung, Stimmung. Um Design, das trägt – nicht nur dient.

Für manche bedeutet Komfort: Alles auf einen Knopfdruck steuern zu können. Dann braucht es ein durchdachtes KNX-Bus-System – mit Bedarfsanalyse, Szenenplanung, Feinabstimmung. Für andere ist das völlig überdimensioniert. Dann wäre es Verschwendung – funktional, finanziell, emotional.

Design ist also keine Stilfrage. Es ist eine Frage der Übersetzung: Was brauchst du? Was willst du? Was soll der Raum für dich leisten? Und genau diese Fragen gehören an den Anfang jeder Planung. Denn was du dort nicht definierst, kannst du später nicht mehr sinnvoll korrigieren. Licht, Raumlogik, Stauraum, Wegeführung, Blickachsen, technische Infrastruktur – all das ergibt sich aus Designüberlegungen. Wer sie am Anfang überspringt, muss später mit Lösungen leben, die nur funktionieren, aber nicht fühlen lassen.

Deshalb gilt:

Wer am Ende verschönert, hat am Anfang falsch geplant.

Design beginnt dort, wo Entscheidungen fallen – nicht da, wo Vorhänge ausgesucht werden. Und es lohnt sich, das früh zu begreifen.

Funktion ohne Emotion ist Technik. Emotion ohne Funktion ist Kulisse.

Bevor wir über Räume sprechen, sprechen wir über Menschen. Genauer gesagt: über dich. Denn gutes Design beginnt nicht mit dem Grundriss – sondern mit Fragen.

Was brauchst du? Was macht dir Freude? Worauf bist du stolz? Was möchtest du nicht mehr erleben? Welche Materialien ziehen dich an? Welche Farben lösen etwas in dir aus? Was bedeutet Komfort für dich – praktisch, aber auch emotional?

In unseren Projekten beginnt alles mit einer Art Übersetzung. Wir sprechen über Gewohnheiten, Erinnerungen, Pläne, Träume, Ziele. Über praktische Themen wie Stauraum, technische Anforderungen oder akustische Bedürfnisse. Aber auch über Persönliches: Was war die schönste Reise deines Lebens? Wo hast du dich je am meisten zu Hause gefühlt? Denn diese Antworten – nicht nur die rationalen, sondern gerade die intuitiven – sind der Schlüssel zu Räumen, die dich wirklich tragen können.

> Design ist nicht Dekoration. Es ist ein Prozess.

Und wer diesen Prozess ernst nimmt, weiß: Emotion und Funktion sind keine Gegensätze. Sie sind ein Spannungsfeld, das gestaltet werden will.

Was nützt dir ein Bad, das perfekt ausgestattet ist – aber kalt und leblos wirkt? Oder ein Wohnzimmer mit traumhafter Lichtstimmung, in dem du nie weißt, wohin mit deinem Laptopkabel oder dem Spielzeug deiner Kinder?

Emotion ohne Funktion ist Kulisse. Funktion ohne Emotion ist Technik. Erst in der Kombination entsteht ein Raum, der nicht nur funktioniert – sondern lebt.

Das ist der Anspruch, mit dem wir gestalten. Und es ist der Anspruch, mit dem du planen solltest. Nicht, um es „besonders" zu machen. Sondern um Räume zu schaffen, die dich widerspiegeln – in allem, was dich ausmacht. Denn wenn ein Raum dich nicht versteht, wird er dich nie wirklich tragen.

Und noch etwas: Du planst nicht immer allein. Vielleicht ja – dann kannst du sehr tief in dich hineinspüren, sehr klar entscheiden, sehr präzise deine Vorlieben definieren. Doch in den meisten Fällen leben wir mit anderen Menschen zusammen. Partner, Kinder, Patchwork-Konstellationen, Mehrgenerationenmodelle – oder auch einfach nur Gäste, die regelmäßig bleiben.

Und dann wird es komplex. Nicht, weil es unmöglich wird. Sondern weil es Unterschiede gibt. Man liebt sich, ja. Man hat gemeinsame Ziele, oft. Aber eben auch verschiedene Gewohnheiten, verschiedene Wahrnehmungen, verschiedene Bedürfnisse. Der eine will klare Linien, die andere mehr Textur. Der eine braucht Technik – die andere Ruhe. Und plötzlich ist Design nicht mehr nur Selbstreflexion, sondern auch ein Dialog.

Genau hier liegt ein großer Wert im Designprozess: Gemeinsamkeiten herausarbeiten, Unterschiede sichtbar machen. Nicht um sie zu nivellieren, sondern um ihnen Raum zu geben. Was ist verhandelbar? Was nicht? Welche Routinen kollidieren? Und welche könnten sich ergänzen?

Gutes Design vermittelt. Es urteilt nicht. Es schafft Strukturen, in denen sich Unterschiedliches nicht stört – sondern entfalten kann. Das ist herausfordernd, ja. Aber es ist auch eine riesige Chance: Denn am Ende kann ein Raum nicht nur dich spiegeln, sondern euch verbinden. Und das spürt man.

Was gutes Design wirklich leistet

Gutes Design ist keine Geschmacksfrage. Es ist ein Werkzeug – und eine Haltung. Es sortiert. Es filtert. Es bringt Ordnung in ein Chaos aus Möglichkeiten, Wünschen, Unsicherheiten. Und das ist genau das, was du beim Bauen oder Umbauen brauchst: Klarheit. Orientierung. Richtung.

Denn in der Realität sieht Planen oft anders aus. Da gibt es Pinterest-Ordner mit 300 Bildern, Gespräche mit Partner:innen, To-do-Listen, Budgetgrenzen und technische Sachzwänge. Plötzlich ist man überfordert. Entscheidungen werden vertagt oder halbherzig getroffen. Was fehlt, ist ein Prinzip, das alles zusammenhält.

Gutes Design bietet genau das. Es beginnt nicht mit Möbeln oder Farben, sondern mit einem Verständnis: Wer bist du – und was brauchst du? Welche Stimmungen sollen deine Räume erzeugen? Welche Handlungen sollen dort möglich sein? Welche Atmosphären helfen dir, dich wohlzufühlen, dich zu konzentrieren, dich zu erholen?

Diese Fragen übersetzt Design in Raum. In Zonen, Lichtstimmungen, Materialien. In Wandstärken, Blickachsen, Durchgänge, Abläufe. Design verbindet intuitive Wünsche mit funktionalen Notwendigkeiten – und macht daraus greifbare Strukturen.

Es macht Räume lesbar: Du betrittst einen Raum und verstehst sofort, wo du bist und wie er gedacht ist. Und es macht Räume erlebbar: Nicht, weil sie besonders spektakulär aussehen, sondern weil sie sich richtig anfühlen – still, warm, klar, lebendig, schützend.

Design reduziert Reibung. Es nimmt Alltagsprobleme vorweg und löst sie, bevor sie entstehen. Ein zu enger Durchgang, ein unpraktischer Lichtschalter, fehlender Stauraum – das alles lässt sich verhindern, wenn Design nicht als Deko, sondern als Denkstruktur begriffen wird.

Am Ende bedeutet gutes Design: Du musst dich nicht ständig mit deinem Raum auseinandersetzen. Du kannst ihn einfach leben. Und genau das ist der höchste Anspruch, den man an Gestaltung stellen kann.

Design ist nicht gleich Deko

> Design beginnt nicht mit einem Sofa. Und auch nicht mit einem Farbton. Es beginnt mit dir.

Mit dem, was dich ausmacht: deiner Geschichte, deinen Routinen, deiner Intuition. Mit deinem Blick auf das Leben, auf Ästhetik, auf Komfort. Am Anfang des Designprozesses steht deshalb nicht der Raum – sondern die Person, die darin leben wird.

Gutes Design fragt viel – manchmal mehr, als dir vielleicht lieb ist. Wie willst du wohnen? Was brauchst du wirklich? Welche Materialien berühren dich? Was hat dich geprägt, was nervt dich im Alltag? Was gibt dir das Gefühl von Geborgenheit oder Freiheit? Was darf sich ändern? Was muss bleiben?

Designer hören zu, lesen zwischen den Zeilen, sammeln Fragmente. Und dann beginnt ein Prozess, der für viele ungewohnt ist: Das Konkrete wird abstrakt. Informationen verdichten sich, aber gleichzeitig scheint alles offener zu werden. Es gibt kein lineares „von A nach B". Es fühlt sich an wie eine Fahrt auf der Schiffschaukel – erst sanft, dann schneller, höher, intensiver. Bis zum Wendepunkt, kurz vor dem Überschlag.

Und genau dort steigen manche aus. Es wird ihnen zu schwankend, zu vage. Die Sicherheit, die sie in Plänen und Produkten suchen, ist noch nicht da. Es gibt nur eine Ahnung – aber keinen fertigen Raum. Kein greifbares Ergebnis, sondern Skizzen, Gedanken, Richtungen. Hier braucht es Vertrauen. Und den Mut, sich führen zu lassen.

Denn nach dem Überschlag kommt etwas Entscheidendes: Ruhe. Klarheit. Man erkennt Muster, versteht Entscheidungen, spürt Sinn. Aus dem scheinbaren Durcheinander wird ein durchdachtes System. Aus den vielen Ideen entsteht eine Linie – nicht zufällig, sondern durchdacht. Ein Konzept wird sichtbar. Man sieht nicht nur Räume, sondern Zusammenhänge. Funktion wird lesbar, Emotion wird erlebbar.

In diesem Moment ist der Designer kein Dienstleister. Er ist Begleiter. Er führt nicht, er geht mit. Und nur wenn du offen bleibst, gelingt dieser Weg. Vor allem zu Beginn braucht es Vertrauen – je früher, desto besser. Denn wenn du dich nicht einbringst, kannst du auch nichts zurückbekommen.

Design ist ein Prozess. Und jeder gute Prozess verändert. Vielleicht nicht radikal, aber immer auf einer tieferen Ebene. Es ist ein Weg der Entdeckung – durch ein Terrain, das vorher noch niemand so betreten hat. Man könnte sagen: eine Reise durch den Dschungel deiner eigenen Bedürfnisse, Perspektiven und Möglichkeiten. Kein Pfad ist vorgegeben. Aber es gibt jemanden, der ihn mit dir geht.

Und weil dieser Weg so eigen ist, lässt er sich auch nicht einfach mit einem anderen Berufsfeld gleichsetzen. Interior Design ist nicht gleich Innenarchitektur. Es ist nicht das Gleiche wie Raumausstattung oder Möbelauswahl. Es ist etwas Drittes. Etwas Eigenes.

Was ist was – und warum es trotzdem auf dich ankommt

Wenn es um die Gestaltung von Räumen geht, kursieren viele Begriffe: Innenarchitektur, Interior Design, Einrichtung, Raumausstattung. Für Laien wirkt das oft austauschbar – doch die Unterschiede sind relevant. Denn jede dieser Disziplinen setzt an einer anderen Stelle an. Und jede hat ihre eigene Stärke.

Innenarchitektur beschäftigt sich mit der räumlichen und technischen Planung. Sie sorgt für Funktionalität im Grundriss, für Lichtführung, Belüftung, Raumzuschnitte, Akustik, Materialien, baurechtliche Vorgaben. Eine gute Innenarchitektin ist technisch versiert und zugleich gestalterisch geschult – sie denkt Räume im großen Zusammenhang.

Interior Design wiederum greift dort an, wo Technik endet – und Leben beginnt. Es denkt Räume atmosphärisch und funktional. Es übersetzt Stimmungen in Materialwahl, Lichtsetzung und Raumabfolge. Es ist oft weniger normbasiert, dafür emotionaler, intuitiver, psychologisch geprägter. Es beginnt mit dir – nicht mit dem Raum.

Einrichtungsberatung konzentriert sich auf die Auswahl: Welche Möbel passen zum Stil? Welche Vorhänge, welches Sofa, welche Farben? Hier steht der Feinschliff im Vordergrund, aber kein strukturelles Konzept. Wenn die Grundlagen fehlen, bleibt Einrichtung nur Oberfläche.

Doch so sauber diese Abgrenzung auf dem Papier auch wirken mag – in der Praxis verschwimmen die Linien. Und das ist auch gut so.

Gute Räume entstehen, wenn Disziplinen sich ergänzen – nicht abgrenzen. Sie leben von Erfahrung und von der Fähigkeit, sowohl technisch präzise als auch atmosphärisch stimmig zu gestalten. Das kann eine Innenarchitektin leisten, die sich intensiv mit Interior Design befasst. Oder ein Interior Designer, der baulich denkt und strukturell plant. Oder ein:e

Raumausstatter:in, der/die weit über Stoffe und Farben hinaus in Konzepten denkt.

Deshalb solltest du dich nicht nur an Titeln orientieren – auch wenn sie einen wichtigen Hinweis auf Fachwissen geben. Entscheidend ist, ob du jemanden findest, der dich versteht. Der funktional denkt und emotional übersetzt. Der sowohl deine Wünsche als auch dein Projekt ernst nimmt. Und der in der Lage ist, über seine Domäne hinauszudenken – im Sinne deines Gesamtergebnisses.

Gute Räume entstehen durch Zusammenarbeit. Nicht durch Eitelkeit, nicht durch Abgrenzung. Wenn Architekt:innen, Interior Designer:innen und Handwerker:innen miteinander sprechen – nicht nur nebeneinander arbeiten – entsteht ein Raum, der mehr kann als nur funktionieren.

Und genau darum geht es: Nicht darum, wer welchen Titel trägt. Sondern darum, wer bereit ist, mit dir gemeinsam zu denken – und dich durch alle Ebenen der Planung zu begleiten.

Design ist ein Werkzeug – auch für dich als Bauherr

Design ist ein Werkzeug, das dir hilft, Entscheidungen bewusst und sinnvoll zu treffen – bevor sie teuer, nervig oder dauerhaft unpassend werden. Es schützt dich davor, Räume nur nach Funktion oder nur nach Gefühl zu gestalten. Es schafft eine Verbindung zwischen dem, was du brauchst, und dem, was dich wirklich anspricht.

> Wenn du Design als Denkweise verstehst – nicht als Deko –, erkennst du Zusammenhänge, bevor sie zum Problem werden.

Du entwickelst ein Gespür für Proportionen, Abläufe, Atmosphären. Und du wirst schneller merken, wenn etwas nicht passt – nicht erst beim Einzug.

Ob du alleine planst oder mit einem Team: Je klarer du selbst denken kannst, desto besser kannst du kommunizieren, was dir wichtig ist. Gutes Design macht dich nicht zum Experten. Aber es macht dich zu einem ernstzunehmenden Partner im Planungsprozess.

Und das verändert alles.

Zusammenfassung:

- Design ist keine „Deko", sondern ein strategisches Werkzeug, das Funktionalität und emotionale Wirkung integriert.

- Entscheidungen zum Design sollten am Projektanfang getroffen werden – nicht nachträglich, wenn Spielräume fehlen.

- Räume wirken nur dann langfristig, wenn sie funktional UND atmosphärisch durchdacht sind.

- Gutes Design entsteht aus einer Analyse individueller Bedürfnisse und Routinen – nicht aus Vorbildern oder Trends.

- Interior Design vermittelt zwischen technischen Anforderungen und persönlichem Erleben.

- Ein durchdachtes Designkonzept reduziert spätere Korrekturen, verbessert die Kommunikation im Projektteam und spart Kosten.

- Bauherr:innen profitieren dann am meisten, wenn sie Design als Denkstruktur verstehen – nicht als Geschmacksfrage.

KAPITEL 3

DIE 10 HÄUFIGSTEN FEHLER BEI DER GRUNDRISSPLANUNG OHNE PROFIS

Wenn Bauherren selbst planen – und unterschätzen, was sie nicht wissen.

Der Grundriss ist das Rückgrat deines Hauses. Was hier nicht stimmt, lässt sich später nur schwer – und oft gar nicht mehr – korrigieren. Trotzdem glauben viele Bauherren, dass ein bisschen Zeichnen, ein paar Online-Recherchen und der eigene gesunde Menschenverstand reichen, um einen funktionierenden Plan zu erstellen. Ein Trugschluss, der teuer werden kann.

Denn ein guter Grundriss ist kein Puzzle aus Räumen, sondern ein System aus Abläufen, Atmosphären, Beziehungen und Rhythmen. Es geht nicht nur darum, wie viele Quadratmeter ein Zimmer hat – sondern wie man sich darin bewegt, wie der Tag darin beginnt und endet, wie die

Nutzung wechselt, wenn Gäste kommen, Kinder größer werden oder das Leben sich verändert.

> Wer ohne Erfahrung plant, plant oft an der Realität vorbei.

Es fehlt das Gespür für Proportionen. Es fehlen Erfahrungswerte für Abläufe, technische Anforderungen und Lichtführung. Vor allem aber fehlt der Perspektivwechsel: Die Fähigkeit, nicht nur als Bauherr zu denken – sondern als Bewohner.

In diesem Kapitel zeigen wir dir die häufigsten Fehler, die entstehen, wenn man genau diesen Blick nicht einnimmt. Keine Panikmache – sondern eine klare Analyse. Und ein Werkzeug, mit dem du erkennst, worauf es wirklich ankommt.

Denn du baust nicht nur für heute. Du baust für dein Leben.

Fehler 1: Wenn das Wohnzimmer zur Turnhalle wird – falsche Proportionen, falsches Gefühl

„Das Wohnzimmer ist groß – aber irgendwie fühlt es sich nicht richtig an."

Ein Satz, den wir oft hören. Dabei war die Grundidee nachvollziehbar: Großzügigkeit, Offenheit, Weite. Auf dem Plan sah alles vielversprechend aus. Aber in der Realität wirkt der Raum leer. Nicht luftig – leer. Unproportioniert. Vielleicht sogar ungemütlich.

💣 Was läuft hier schief?

Viele Bauherren orientieren sich beim Planen an Quadratmetern. Was sie dabei übersehen: Fläche ist nicht gleich Qualität. Es geht nicht nur darum, wie groß ein Raum ist, sondern wie stimmig seine Proportionen sind. Kinderzimmer mit 7 m² sind zu klein für echtes Spielverhalten, Wohnzimmer mit 50 m² ohne Zonierung verlieren ihre Intimität. Ein Raum muss zur Nutzung passen – und zu den Menschen, die ihn bewohnen.

☉ Woran merkt man das?

Spätestens beim Möblieren. Wenn der Teppich verloren aussieht, der Esstisch zu klein wirkt oder das Sofa den Raum nicht zusammenhält. Wenn man versucht, mit Deko zu retten, was eigentlich durch Planung hätte gelöst werden müssen. Oder wenn man sich unbewusst in eine Ecke zurückzieht, obwohl man sich eigentlich auf die Weite gefreut hatte.

⚡ Was passiert, wenn man's falsch macht?

Entweder man fühlt sich beengt – oder verloren. Möbel wirken fehlplatziert. Die Akustik kippt. Licht verteilt sich ungünstig. Selbst teure Ausstattung bringt keine Atmosphäre, wenn der Raum als Ganzes nicht stimmt.

✓ Was hätte geholfen?

Frühzeitige Überlegungen zur Möblierung. Realistische Einschätzung der eigenen Alltagsgewohnheiten. Ein Gefühl dafür, wie Raum wirkt – nicht nur, wie viel davon da ist. Proportionsgefühl kann man sich nicht aus Tabellen holen – aber mit guter Beratung (oder durch virtuelle Begehungen) entwickeln.

> Ein Raum funktioniert nur, wenn Nutzung, Maß und Wirkung zusammenpassen.

Expertentipp: Stelle dir die Möblierung frühzeitig real vor – mit echten Maßen. Lege den Grundriss auf dem Boden mit Kreppband nach oder nutze Karton als Möbel-Dummy. Nur so spürst du, ob ein Raum funktioniert, bevor er gebaut wird. Noch besser: Nutze eine Virtual-Reality-Begehung – das zeigt dir in Sekunden, wo dein Bauchgefühl recht hat.

Fehler 2: Verkehrsflächen, die niemand braucht – oder alle hassen

„Wir wollten einen offenen Grundriss – jetzt haben wir einen Bahnhof."

Der Wunsch war klar: freie Sichtachsen, großzügige Übergänge, keine unnötigen Türen. Doch was am Papier wie Offenheit aussieht, wird im Alltag schnell zu verschenkter Fläche. Räume, die eigentlich verbinden sollten, trennen plötzlich. Man hat das Gefühl, ständig auf dem Weg zu sein – aber nie richtig angekommen.

💣 Was läuft hier schief?

Verkehrsflächen wie Flure, Übergänge oder Eingangsbereiche sind notwendig. Aber sie müssen gut gesetzt, gut gedacht – und vor allem sinnvoll genutzt sein. Wenn der Zugang zu jedem Raum einen eigenen Korridor braucht oder Wohnfläche durch überdimensionierte Hallen verloren geht, wird Wohnen ineffizient.

☉ Woran merkt man das?

Wenn du beim Einrichten feststellst, dass du ständig um etwas herumläufst. Wenn es keine ruhige Ecke gibt, weil jeder Weg mitten durchs Wohnzimmer führt. Oder wenn du beim Putzen feststellst, dass du 12 m² Fläche wischst, auf der du nie sitzt, isst oder lebst.

⚡ Was passiert, wenn man's falsch macht?

Platz geht verloren – ohne dass es auffällt. Räume fühlen sich seltsam un-
strukturiert an. Man lebt nebeneinander her, weil die Wege keine Orientierung geben. Und die Quadratmeter, die teuer bezahlt wurden, liefern
keinen Mehrwert.

✓ Was hätte geholfen?

Zonierung. Klare Trennung zwischen öffentlichem, halböffentlichem
und privatem Bereich. Und vor allem: Die Frage, wie man sich durch den
Alltag bewegt. Komme ich mit Einkauf, Wäsche oder Kinderwagen klar?
Habe ich Sichtschutz, wo ich ihn brauche? Wie bewege ich mich im Haus,
wenn ich Ruhe will?

> Wege, die keinen Zweck erfüllen, werden schnell zu Wegen,
> die nerven.

Expertentipp: Skizziere mal eine Woche Alltag: Wie oft gehst du wohin? Wie trägst du was? Was passiert parallel? Wenn du das auf einem
Plan nachverfolgst, erkennst du schnell, ob dein Grundriss dich unterstützt – oder aufhält.

Fehler 3: Wenn Raumlogik fehlt – und dein Zuhause dich verwirrt

„Wieso ist das Schlafzimmer eigentlich direkt neben der Küche?"

Der Grundriss sah modern aus – offen, funktional, aufgeräumt. Doch im Alltag merkt man schnell: Hier fehlt ein roter Faden. Räume sind zwar da – aber sie folgen keiner klaren Logik. Wege kreuzen sich ungünstig, Nutzungen stören sich gegenseitig. Es fühlt sich nicht fließend an, sondern fragmentiert.

💣 Was läuft hier schief?

Räume wurden nach Funktionen einzeln geplant – aber nicht im Zusammenhang gedacht. Küche, Bad, Schlafzimmer, Technik – alles existiert, aber ohne übergeordnete Ordnung. Es fehlt das räumliche Konzept: Was ist öffentlich, was privat? Was gehört zusammen – und was besser nicht? Oft wird das ignoriert, weil man sich auf Einzelräume konzentriert, statt auf ihre Beziehungen.

☉ Woran merkt man das?

Wenn du morgens durch das halbe Haus zur Kaffeemaschine läufst. Wenn das Kinderzimmer am lautesten Ort liegt. Wenn Gäste durch dein Schlafzimmer zur Toilette müssen. Wenn man sich fragt, warum der Weg von der Garderobe zur Küche immer über drei Türen führt. Oder wenn man sich trotz großzügiger Fläche wie in einer Wohnung fühlt, die nicht eigenlogisch funktioniert.

⚡ Was passiert, wenn man's falsch macht?

Alltag wird umständlich. Privatsphäre fehlt. Man lebt aneinander vorbei – oder zu nah beieinander. Je nach Nutzung entstehen Konflikte, etwa durch Lärm, Licht oder Gerüche. Und selbst kleine Veränderungen (z. B. ein weiteres Kind, Homeoffice, Krankheit) lassen sich kaum integrieren, weil der Grundriss zu starr ist.

✓ Was hätte geholfen?

Ein Zonenkonzept – und zwar nicht nach Gefühl, sondern bewusst durchdacht: öffentlich, halböffentlich, privat. Und: kurze Wege für typische Alltagsroutinen. Wer Raumfolgen plant wie Abläufe, macht weniger Fehler. Am besten: Alltagsszenarien simulieren – mit oder ohne Virtual Reality.

> Räume brauchen Struktur, nicht nur Fläche. Ohne System entsteht Chaos – nicht Zuhause.

Expertentipp: Skizziere typische Abläufe im Alltag: Aufstehen, ins Bad, frühstücken, arbeiten, Besuch empfangen, Wäsche waschen. Zeichne diese Abläufe als Linien auf deinen Grundriss. Wenn sich die Wege kreuzen, überlagern oder wie ein Labyrinth wirken, ist deine Raumlogik noch nicht stimmig.

Fehler 4: Falsche Ausrichtung – wenn das Licht am falschen Ort landet

„Warum ist unser Wohnzimmer nach Norden ausgerichtet – und der Abstellraum nach Süden?"

Auf dem Plan sah alles logisch aus. Symmetrisch, gut erreichbar, funktional. Doch nach dem Einzug stellt sich Ernüchterung ein: Das Wohnzimmer bleibt düster, obwohl die Sonne scheint. Der sonnigste Raum ist das Gäste-WC. Und beim Frühstück blendet dich die Morgensonne direkt ins Gesicht – aber nicht auf den gedeckten Tisch.

💣 Was läuft hier schief?

Die Grundrissplanung hat Raumfunktionen ignoriert, wenn es um Lichtverhältnisse ging. Die Ausrichtung wurde nicht konsequent mitgedacht. Himmelsrichtungen, Tageslichtverlauf, Sonnenstand im Jahresverlauf – all das wurde übersehen oder nur nebenbei behandelt. Die Folge: Der Tagesablauf passt nicht zum Lichtverlauf.

⊙ Woran merkt man das?

Wenn du tagsüber das Licht anschalten musst – obwohl draußen strahlende Sonne ist. Wenn du deine Lieblingsplätze meidest, weil sie immer im Schatten liegen. Wenn Räume zwar „richtig" aufgeteilt sind, aber keiner sich wirklich wohlfühlt. Wenn du jedes Mal denkst: „Irgendwas stimmt hier nicht – es ist einfach zu dunkel oder zu grell."

⚡ Was passiert, wenn man's falsch macht?

Du verschenkst Atmosphäre – und Wohnqualität. Licht beeinflusst nicht nur das Sehen, sondern auch das Fühlen. Ein schlecht belichteter Raum wirkt kalt, leer, abweisend – auch wenn er teuer eingerichtet ist. Umgekehrt kann ein einfacher Raum durch gutes Licht strahlen. Wird das ignoriert, muss später künstlich kompensiert werden: mehr Lampen, mehr Energie, mehr Frust.

✓ Was hätte geholfen?

Lichtplanung parallel zur Grundrissplanung. Frühzeitig. Schon bei der ersten Skizze mitdenken, wann welche Räume genutzt werden – und wie das Licht dabei wirkt. Südseiten für Aufenthaltsräume, Nordseiten für Nebenräume. Lichtverlauf visualisieren – z. B. mit 3D-Simulationen oder VR.

> Helligkeit entsteht nicht durch Lampen – sondern durch Ausrichtung.

Expertentipp: Stelle dir bei jedem Raum die Frage: Zu welcher Tageszeit bist du hier – und was willst du dann spüren? Ruhe? Energie? Geborgenheit? Nutze diese Antworten als Grundlage, um Fensterflächen, Vorhänge, Verschattungen und Möblierung zu denken. Licht ist kein Zufallsprodukt – sondern eine bewusste Entscheidung.

Fehler 5: Kein Stauraum – und plötzlich liegt alles im Weg

> „Wir haben keinen Platz für Jacken, Koffer, Vorräte – das war uns gar nicht bewusst."

Die Räume sind schön. Offen, hell, großzügig. Und trotzdem: Überall steht etwas rum. Der Staubsauger wohnt im Schlafzimmer, der Getränkekasten blockiert die Küche, Winterjacken hängen im Flur auf dem Hocker. Die Waschmaschine steht in der Abstellkammer – neben dem Mülleimer, dem Werkzeugkoffer und dem Wäscheständer. Chaos trotz Ordnungsliebe.

💣 Was läuft hier schief?

Stauraum wurde nicht eingeplant – oder falsch eingeschätzt. Es gab keine detaillierte Betrachtung, was wo untergebracht werden muss. Die Planung orientierte sich an Wohnfläche, nicht an Lebensrealität. „Das wird sich schon finden" ist einer der größten Irrtümer – denn was keinen Platz hat, bleibt sichtbar.

☉ Woran merkt man das?

Wenn man schon nach wenigen Wochen das Gefühl hat, ständig aufräumen zu müssen – obwohl man eigentlich alles verstaut hat. Wenn immer irgendwo etwas stört. Wenn kein Platz für Putzmittel, Vorräte, Sportequipment, Weihnachtsdeko, Altpapier oder Schuhe ist. Und wenn jeder Gast beim Reinkommen fragt: „Wohin mit der Jacke?"

⚡ Was passiert, wenn man's falsch macht?

Die Räume verlieren an Wirkung – und an Alltagstauglichkeit. Schönes Design wird von Alltagsgegenständen überdeckt. Funktion leidet. Der Eindruck von Unruhe entsteht, weil Dinge keinen festen Ort haben. Und irgendwann gewöhnt man sich an das Provisorium – obwohl es nie geplant war.

✓ Was hätte geholfen?

Frühzeitige Bedarfsanalyse. Was besitzt du? Wie lebst du? Was brauchst du saisonal, was täglich? Daraus ergibt sich der Stauraumbedarf – nicht nur in Litern, sondern in Alltagsszenarien. Klare Definition: Was muss wohin – und wie häufig muss ich ran? Erst dann lassen sich Schranknischen, Hauswirtschaftsräume, versteckte Stauraumlösungen sinnvoll integrieren.

> Wer Stauraum vergisst, wohnt zwischen seinen Sachen –
> nicht in seinem Zuhause.

Expertentipp: Denke nicht in Schränken, sondern in Funktionen. Erstelle eine Liste aller Gegenstände, die du aktuell aufbewahrst – sortiert nach Ort und Zugriffshäufigkeit. Plane für jede Kategorie einen passenden Ort ein. Und: Mehr Stauraum entsteht oft nicht durch mehr Fläche, sondern durch clevere Zonierung.

Fehler 6: Möblierung ignoriert – und plötzlich ist kein Platz für ein Sofa

> „Der Raum sieht auf dem Plan groß aus – aber kein Möbel passt rein."

Am Schreibtisch wurde alles durchdacht. Der Grundriss wirkt großzügig, die Räume fließen ineinander. Doch beim Einzug die Ernüchterung: Das Sofa steht vor der Terrassentür, das Bett blockiert die Schranktür, und der Esstisch passt nur schräg ins Eck. Du wolltest Offenheit – bekommen hast du Chaos mit Möbel-Tetris.

💣 Was läuft hier schief?

Die Grundrissplanung hat ohne konkrete Möblierung stattgefunden. Fenster, Türen, Heizkörper und Lichtschalter wurden nach Schema F gesetzt – nicht nach dem späteren Bedarf. Maße wurden geschätzt, nicht geprüft. Und kein Mensch hat ausprobiert, wie man durch einen möblierten Raum wirklich läuft.

⊙ Woran merkt man das?

Wenn du Möbel umstellst, um überhaupt laufen zu können. Wenn Türen nicht mehr ganz aufgehen, weil dahinter ein Regal steht. Wenn du zwischen Sofa und Couchtisch balancierst – oder die Leselampe nie am richtigen Ort ist. Wenn Räume gut aussehen, aber sich nie wirklich gut anfühlen.

⚡ Was passiert, wenn man's falsch macht?

Wohnqualität geht verloren. Räume funktionieren nicht intuitiv. Möbel werden zu Kompromissen, nicht zu Lösungen. Am Ende wohnst du an deinen Möbeln vorbei – statt mit ihnen. Und selbst teures Interior wirkt unruhig, wenn es nicht eingebettet ist. Es entsteht das Gefühl: „Irgendwie passt hier nichts richtig zusammen."

✓ Was hätte geholfen?

Parallelplanung von Raum und Einrichtung. Maßstabstreue Möblierungspläne – bereits in der frühen Entwurfsphase. Möbel als Teil des Raums denken, nicht als spätere Ergänzung. Und ganz wichtig: Bewegungsflächen einplanen! Wohnen ist nicht statisch – es braucht Platz, um sich frei zu fühlen.

> Nur wer Möbel mitdenkt, plant Räume – alle anderen zeichnen leere Hüllen.

Expertentipp: Nimm dir für jeden Raum ein A4-Blatt, skizziere ihn maßstabsgerecht und schneide Möbel aus Papier aus – auch Fenster und Türen. Schiebe die Teile hin und her. Du wirst schnell merken, wie wenig wirklich passt, wenn du nicht von Anfang an mitdenkst.

Fehler 7: Technik? Wird später geregelt... (Spoiler: wird sie nicht)

> „Wir wollten erstmal den Grundriss fertig machen – den Rest klären wir später."

Die Räume stehen. Die Fenster sind eingeplant. Das Dach ist gezeichnet. Und jetzt? Ach ja – Strom. Und Lüftung. Und Smart Home vielleicht? In der Theorie „macht das dann der Elektriker". In der Praxis beginnt der Stress: Pläne werden hektisch angepasst, Dosen verschoben, Kabel umgelegt, Geräte gestrichen – oder vergessen.

💣 Was läuft hier schief?

Technik wurde zu spät oder gar nicht mitgeplant. Die Grundrissplanung fand losgelöst von Strom-, Licht- und Klimakonzept statt. Niemand wusste, wo die Waschmaschine hin soll – oder wie viele Steckdosen das Homeoffice wirklich braucht. Am Ende muss improvisiert werden – auf Kosten von Komfort, Optik und Funktion.

⊙ Woran merkt man das?

Wenn Steckdosen an völlig falschen Stellen sitzen. Wenn Schalter nicht dort sind, wo man sie intuitiv sucht. Wenn Smart Home zur Technik-Spielerei ohne echten Nutzen wird. Oder wenn du schon beim Kochen fluchst, weil du den Mixer nicht gleichzeitig mit dem Wasserkocher betreiben kannst – Sicherung raus.

⚡ Was passiert, wenn man's falsch macht?

Im besten Fall: Frust. Im schlimmsten Fall: Umbau. Technik nachzurüsten ist teuer, kompliziert – und fast nie unsichtbar. Leitungen verlaufen dann auf Putz, Lösungen wirken notdürftig. Und smarte Systeme wirken schnell dumm, wenn sie nicht auf reale Abläufe abgestimmt sind.

✓ Was hätte geholfen?

Frühzeitige Abstimmung mit Fachplanern – oder zumindest ein klares Nutzungskonzept: Wo wird gearbeitet? Wo gekocht? Wo gespielt? Was soll automatisiert, was manuell sein? Technik muss Räume unterstützen, nicht umgekehrt. Wer das rechtzeitig denkt, spart Geld, Nerven und graue Wände.

> Technik wird nicht am Ende schön gemacht – sie wird am Anfang richtig gedacht.

Expertentipp: Gehe deinen Tag gedanklich Raum für Raum durch – vom Aufstehen bis zum Schlafengehen. Notiere, was du wo brauchst: Licht, Strom, Medien, Klima. Dann frag dich: Willst du dafür jedes Mal zur Wand laufen? Oder soll's automatisch gehen? Daraus ergibt sich dein Technikbedarf – klar, konkret, machbar.

Fehler 8: Null Alltagstauglichkeit – und keiner merkt's

„Wir dachten, das ergibt sich dann schon..."

Der Grundriss sieht schön aus. Räume sind eingezeichnet, die Fläche stimmt. Aber schon beim Einzug knirscht es: Du balancierst mit Einkäufen durch drei Türen. Die Waschmaschine steht irgendwo – nur nicht da, wo der Wäschekorb jemals hinkommt. Und dass die Spülmaschine gleichzeitig mit dem Unterschrank kollidiert, fällt genau dann auf, wenn du Besuch hast.

💣 Was läuft hier schief?

Der Alltag wurde nicht mitgeplant. Die Räume sind da – aber ohne Ablauf. Es fehlt die funktionale Choreografie: Wo startet dein Tag? Wo legst du Dinge ab, wo gehst du durch, was brauchst du wann? Wer nur Grundrisse zeichnet, plant Wege – keine Abläufe. Doch genau die machen gutes Wohnen aus.

⊙ Woran merkt man das?

Wenn Wege sich ständig kreuzen. Wenn du dir selbst im Weg stehst. Wenn alles irgendwie da ist – aber nichts da, wo es Sinn ergibt. Wenn du beim Wäscheaufhängen durchs halbe Haus läufst. Wenn du ständig denkst: „Irgendwie unpraktisch..."

⚡ Was passiert, wenn man's falsch macht?

Das Wohnen kostet mehr Kraft, als es sollte. Zeitverlust, Frust, Umwege. Du richtest dich nach der Architektur – statt umgekehrt. Und irgendwann gewöhnst du dich daran. Leider. Denn du hättest es besser haben können.

✓ Was hätte geholfen?

Planung aus Perspektive des Nutzers. Eine Art „Tagesablauf-Simulation" – was machst du wann, wo, mit wem? Wo muss was hin? Die Erkenntnisse daraus fließen in die Grundrissplanung ein. So entsteht ein Raumfluss, der sich natürlich anfühlt – und den du später nicht mehr hinterfragen musst.

> Ein Raum kann schön aussehen – und trotzdem falsch laufen.

Expertentipp: Gehe dein zukünftiges Zuhause in Gedanken Schritt für Schritt durch: vom Schlüssel aus der Tasche bis zum Abend auf dem Sofa. Jede Handlung braucht Raum, jedes Objekt seinen Platz. Wenn du das vorher durchdenkst, sparst du dir später viele kleine Ärgernisse – und machst aus einem Haus ein Zuhause.

Fehler 9: Fehlender Zukunftsblick – und alles ist auf Jetzt geplant

„Daran haben wir gar nicht gedacht…"

Das Haus ist fertig – perfekt zugeschnitten auf das Leben heute. Zwei Kinderzimmer, ein Homeoffice, alles schick. Doch zwei Jahre später kommt das dritte Kind. Oder das erste zieht aus. Oder jemand arbeitet plötzlich dauerhaft von zu Hause. Und plötzlich fehlt Platz – oder es ist zu viel. Die Planung war exakt. Aber nur für einen Zeitpunkt.

💣 Was läuft hier schief?

Es wurde nur das Heute geplant – nicht das Morgen. Die Grundrissstruktur erlaubt keine Entwicklung. Keine Räume, die sich wandeln können. Keine Reserveflächen. Keine flexible Nutzung. Dabei verändert sich das Leben – und Räume sollten mitgehen können.

☉ Woran merkt man das?

Wenn Räume leer stehen, aber trotzdem fehlen. Wenn ein Kinderzimmer zum Abstellraum wird, weil kein anderer Platz da ist. Wenn Umbauten nötig werden – viel zu früh. Wenn du dich fragst, warum du nicht ein bisschen weiter gedacht hast, als es noch möglich gewesen wäre.

⚡ Was passiert, wenn man's falsch macht?

Du zahlst für Fläche, die nicht funktioniert. Und für Umbauten, die vermeidbar gewesen wären. Noch schlimmer: Deine Räume passen dir nicht mehr. Du lebst an deiner eigenen Planung vorbei. Und statt dich getragen zu fühlen, wirst du begrenzt – vom eigenen Haus.

✓ Was hätte geholfen?

Szenarien durchdenken. „Was, wenn...?" spielen. Sich nicht nur fragen: „Was brauche ich heute?", sondern auch: „Was wäre, wenn sich etwas ändert?" Flexibilität beginnt mit Struktur: Räume, die teilbar sind. Zonen, die mehrere Funktionen erfüllen können. Und eine Planung, die Raum für Entwicklung lässt.

> Wer nur für den Moment plant, baut sich in die Ecke.

Expertentipp: Plane mindestens einen „Joker-Raum": ein Bereich, der heute Hobbyraum ist, morgen Gästezimmer oder später Pflegezimmer. Nutze Schiebetüren, doppelte Erschließung, reversible Einbauten. Flexibilität ist kein Luxus – sie ist eine der wichtigsten Funktionen moderner Wohnkonzepte.

Fehler 10: Entscheidungen ohne Konzept – und Google ersetzt kein Know-how

> „Ich habe so viel recherchiert – aber jetzt bin ich komplett verwirrt...“

Du hast Stunden auf Pinterest verbracht, Foren durchgelesen, Checklisten abgehakt. Du hast gefühlt jede Entscheidung schon hundertmal durchdacht – aber ohne echtes Ergebnis. Der Grundriss sieht aus wie ein Kompromiss aus zehn Inspirationsquellen. Alles ist irgendwie da. Aber nichts hat Zusammenhang. Kein roter Faden. Kein Konzept.

💣 Was läuft hier schief?

Information ersetzt keine Erfahrung. Und Einzelteile ergeben kein Ganzes. Wer zu früh zu viel sammelt, verliert den Überblick. Entscheidungen werden aus dem Bauch getroffen – ohne Kontext, ohne Struktur. Doch guter Raum braucht mehr als gute Einzelideen. Er braucht ein Konzept, das alles verbindet.

☉ Woran merkt man das?

Wenn du dauernd hin- und hergerissen bist. Wenn du nicht weißt, was „besser“ ist. Wenn jeder Tipp aus dem Internet einen alten Plan wieder infrage stellt. Wenn dir am Ende alles gefällt – und trotzdem nichts wirklich passt. Dann fehlt Klarheit.

⚡ Was passiert, wenn man's falsch macht?

Du verlierst Zeit, Energie und Fokus. Entscheidungen ziehen sich hin, werden zurückgenommen oder blind getroffen. Und das Ergebnis fühlt sich an wie ein Flickenteppich. Kein Zuhause mit Seele – sondern ein gebauter Algorithmus aus Trends und Meinungen.

✓ Was hätte geholfen?

Ein strukturiertes Konzept, das du zu Beginn entwickelst – oder entwickeln lässt. Eine gestalterische Idee, die dich durch alle Entscheidungen leitet. Ein funktionales und emotionales Raster, durch das du jede Option prüfst: Passt es zu mir? Passt es zum Rest? Passt es zu meinem Alltag?

> Sammeln ist leicht. Entscheiden ist schwer. Und Design ist kein Wunschkonzert – sondern ein Prozess.

Expertentipp: Starte nicht mit Farben oder Pinterest-Boards. Starte mit Fragen: Was brauche ich? Wie will ich leben? Was darf bleiben, was darf sich verändern? Entwickle daraus dein persönliches Briefing – und ziehe jede Entscheidung durch diesen Filter. So entsteht Klarheit. Und Klarheit ist der beste Architekt.

Zusammenfassung:

- Selbst geplante Grundrisse scheitern oft an fehlendem Verständnis für räumliche Logik, Proportion, Alltagstauglichkeit und Zukunftsfähigkeit.

- Technisch korrekte Planung ersetzt keine Nutzungsperspektive – viele Fehler entstehen, weil Abläufe, Möbel und Bedürfnisse nicht mitgedacht werden.

- Fehlerhafte Planung wirkt sich nicht nur funktional, sondern dauerhaft emotional belastend auf das Wohnerlebnis aus.

- Frühzeitige Integration von Interior Design, Raumgefühl und Alltagssimulation (z. B. via Virtual Reality) ist essenziell, um diese Planungsdefizite zu vermeiden.

KAPITEL 4

NICHT GEGENEINANDER, SONDERN ZUSAMMEN

Warum dieses Buch kein Architekten-Bashing ist – und Interior Design kein Gegner, sondern Partner

Bevor es weitergeht, ist uns eines wichtig: Dieses Buch ist keine Abrechnung mit der Architektur – und schon gar kein Aufruf zur Konfrontation. Wenn hier Kritik geübt wird, dann nicht aus Trotz, sondern aus Verantwortung. Denn viele Planungsfehler entstehen nicht, weil jemand „nicht gut genug" ist. Sie entstehen, weil Kompetenzen fehlen – oder nicht zusammengeführt werden. Innenarchitektur, Architektur, Interior Design: Sie sind keine Gegenspieler, sondern Teile eines großen Ganzen. Jeder Bereich bringt etwas Eigenes mit – und keiner kann alles. Deshalb geht es hier nicht darum, jemanden auszuspielen, sondern das Zusammenspiel zu verbessern. Damit am Ende nicht nur ein Haus steht – sondern ein Zuhause entsteht.

Unser Beitrag in Form dieses Buchs erhebt nicht den Anspruch, besser zu wissen, wie gebaut werden sollte – schon gar nicht im Vergleich zu Architekt:innen oder Innenarchitekt:innen. Es geht nicht darum, auf Fehler mit dem Finger zu zeigen oder pauschal Kritik an einer Berufsgruppe zu üben. Planung ist komplex. Und wer einmal ein Haus gebaut oder eine Wohnung umgebaut hat, weiß: Kein Prozess verläuft fehlerfrei. Jeder Planungsbeteiligte hat blinde Flecken. Auch wir. Doch genau deshalb ist es so wichtig, diese blinden Flecken sichtbar zu machen – nicht, um Schuld zu verteilen, sondern um Verantwortung bewusster zu leben.

> Dass wir wiederholt auf die Lücke zwischen Architektur und Innenleben hinweisen, hat einen Grund: Sie existiert. Und sie verursacht echte Probleme.

Räume, die toll aussehen, aber nicht funktionieren. Grundrisse, die technisch durchdacht sind, aber keine Atmosphäre erzeugen. Planung, die keine Vorstellung davon hat, wie sich ein Raum anfühlen wird – wie er klingen wird, wie er wirkt, wie er getragen wird. Wenn das nicht benannt wird, entsteht der Eindruck, alles sei schon „in Ordnung", solange ein Plan technisch korrekt ist. Aber das genügt nicht. Die meisten Fehler passieren nicht, weil jemand nicht will – sondern weil niemand hinschaut. Deshalb braucht es eine ehrliche Auseinandersetzung mit dem, was fehlt. Und das beginnt mit Sprache, mit Dialog – nicht mit Angriff.

Gute Planung ist Teamarbeit. Punkt. Niemand kann alles können, niemand sollte alles allein entscheiden müssen. Damit Zusammenarbeit gelingt, braucht es drei Dinge: klare Rollen, gemeinsame Ziele und echte Kommunikation. Innenarchitektur bringt technisches und räumliches Verständnis mit, Architektur strukturiert und ordnet, Interior Design übersetzt Bedürfnisse in Atmosphäre. Wenn jeder seine Rolle kennt – und die der anderen respektiert – entsteht ein Miteinander, das besser ist als jede Einzelentscheidung. Und ja, das braucht Offenheit. Auch dafür, sich einmal in Frage stellen zu lassen. Aber genau dort liegt die Chance, zu besseren Lösungen zu kommen, die nicht nur den Baukörper – sondern den Alltag gestalten.

Und dabei ist Kommunikation der zentrale Schlüssel. Nicht nur zwischen den Planungsbeteiligten, sondern vor allem zwischen Fachleuten und dir als Bauherr oder Bauherrin. Design kann nicht einfach „beauftragt" und abgegeben werden wie eine Steuererklärung. Wer baut oder umbaut, muss bereit sein, sich einzubringen. Zu antworten. Sich zu fragen. Denn nur wenn du deine Bedürfnisse, Wünsche und Gewohnheiten teilst – ehrlich und konkret –, kann ein Plan entstehen, der dir wirklich entspricht. Kommunikation ist nicht nur Informationsfluss – sie ist der Beginn von Verständnis. Und das braucht es, wenn aus Flächen echte Räume werden sollen.

Interior Design beginnt nicht mit Kissen und endet nicht bei Stoffen. Es fragt: Wer lebt hier – und wie? Was ist wichtig, was soll bleiben, was darf sich verändern? Es sieht das Unsichtbare: die Gefühle, die Abläufe, die Stimmungen, die ein Raum transportieren soll. Es ist keine Konkurrenz zu Innenarchitektur oder Raumausstattung – sondern das Bindeglied dazwischen. Es ist die Disziplin, die beides denkt: Funktion und Emotion. Technik und Atmosphäre. Alltag und Erlebnis. Gute Projekte entstehen dort, wo diese Ebenen nicht getrennt, sondern verbunden gedacht werden. Und dafür braucht es oft ein interdisziplinäres Team – und Menschen, die über ihre Berufsgrenzen hinaus zusammenarbeiten wollen.

> Am Ende zählt nicht, wer welchen Titel trägt. Es zählt, was jemand kann – und was jemand mitbringt.

Eine Innenarchitektin mit Erfahrung im Interior Design kann Räume entwickeln, die technisch wie atmosphärisch überzeugen. Ein Architekt mit Gespür für Alltag kann den Unterschied zwischen Plan und Leben begreifen. Und ein Interior Designer, der sich mit Bauphysik auskennt, wird andere Fragen stellen als jemand, der nur dekorieren möchte. Dieses Buch macht keinen Beruf klein. Es plädiert für Zusammenarbeit – und für gegenseitige Anerkennung.

Damit nicht nur gebaut wird, sondern gestaltet. Nicht nur geplant – sondern gedacht.

KAPITEL 5

WENN DIE HÜLLE STEHT, ABER DIE SEELE FEHLT

Warum Architektur nicht reicht, um Räume wirklich lebendig zu machen.

Ein Architekt plant dein Haus. Mit Expertise, technischem Verständnis, räumlicher Logik. Wände stehen am richtigen Platz, Fensterflächen orientieren sich zur Sonne, Treppen verbinden Ebenen effizient. Auf dem Papier sieht alles stimmig aus – und ist es auch. Doch dann kommt der Alltag. Und mit ihm die Erkenntnis, dass perfekte Maße noch lange kein perfektes Wohngefühl erzeugen.

Viele Bauherren erleben diesen Bruch erst, wenn sie bereits eingezogen sind. Wenn der Wohnbereich sich kalt anfühlt, obwohl er großzügig ist. Wenn in der Küche der Weg zwischen Herd und Spüle nervt – oder kein Platz für Vorräte ist. Wenn niemand bedacht hat, wie sich Licht im

Tagesverlauf verändert, oder wie nah private und öffentliche Bereiche tatsächlich beieinanderliegen.

Architektur erschafft Räume – aber nicht zwangsläufig Leben, wenn es nicht von Anfang an konsequent und umfangreich mitgeplant wurde. Denn was auf Plänen funktioniert, muss sich noch lange nicht lebendig, intuitiv oder stimmig anfühlen. Dieses Kapitel zeigt, wo die Lücke liegt – und wie man sie schließen kann.

Architektur schafft Räume – aber wer füllt sie mit Leben?

Ein guter Architekt versteht Räume. Er denkt in Fluchten, Proportionen, Ausblicken. Er kennt die Bauordnung, weiß, wo tragende Wände sitzen dürfen und wie Licht ins Gebäude kommt. Er optimiert Grundstücksausnutzung, erstellt Baugesuche, koordiniert Fachplaner und Gewerke. Architektur plant die Hülle – und das ist ein essenzieller Teil des Projekts.

Doch in genau dieser Stärke liegt auch eine Schwäche. Denn was auf technischer Ebene logisch und korrekt ist, entfaltet noch lange keine emotionale Wirkung. Es erzeugt keine Atmosphäre. Es macht keinen Alltag besser.

In vielen Projekten sehen wir: Die Raumgrößen stimmen. Die Wege sind kurz. Die Fensterflächen großzügig. Aber der Raum „fühlt" sich nicht gut an. Er wirkt leer, unbalanciert, orientierungslos. Oder genau das Gegenteil: überladen, gequetscht, seltsam zusammengesetzt. Es fehlt etwas, das sich nur schwer in Maße und Normen übersetzen lässt – das Zusammenspiel von Funktion und Emotion.

Der Grund dafür ist kein Versäumnis des Architekten, sondern liegt im Selbstverständnis des Berufs. Architektur muss entwerfen, organisieren, genehmigen, ausschreiben, ausführen. Sie ist prozessgetrieben und technisch geprägt. Für viele Architekten ist die Gestaltung des „Innen" formal abgeschlossen, wenn der Rohbau steht und die Fenster eingebaut sind. Doch genau dann beginnt das Leben im Raum – und oft auch die Enttäuschung.

Denn niemand hat gefragt, wo dein Lieblingssessel steht. Niemand hat bedacht, dass du morgens gerne beim ersten Licht frühstückst. Oder dass du offene Flure nicht magst. Oder dass du einen begehbaren Kleiderschrank brauchst, der mehr ist als nur ein Abstellraum mit Tür.

Wir erleben das häufig in der Praxis: Grundrisse, die aus architektonischer Sicht „funktionieren", scheitern im gelebten Alltag. Weil die Proportionen zu kühl sind. Weil der Raum keine Rückzugsorte bietet. Weil man sich immer irgendwie beobachtet fühlt. Oder weil man ständig gegen etwas arbeitet: Licht, Lärm, Wege, Sichtachsen, fehlende Abgrenzung.

Architektur denkt in Volumen, Schnitten, Linien. Innenarchitektur denkt in Nutzung, Atmosphäre, Identität. Das eine ist nicht besser als das andere – aber sie greifen ineinander wie Zahnräder, die sich idealerweise ergänzen. Wenn eines fehlt, hakt das System.

Noch ein Aspekt ist entscheidend: Die beste Technik bringt nichts, wenn der Mensch sich darin nicht wiederfindet. Und das passiert schneller, als viele denken. Räume, die zu kühl wirken, zu abstrakt geplant sind, entfremden. Sie machen das Wohnen anstrengend, statt intuitiv. Und sie kosten Lebensqualität – nicht, weil sie schlecht gebaut wären, sondern weil sie zu wenig auf das Leben zugeschnitten wurden, das darin stattfinden soll.

Wer also mit einem Architekten baut, sollte wissen: Es braucht Ergänzung. Es braucht jemanden, der das Leben in den Raum holt. Jemanden, der fragt, wie du wohnst, wie du dich bewegst, was du brauchst – bevor die Wände stehen. Denn wenn du das nicht tust, bekommst du Räume, aber kein Zuhause.

Schönheit vor Nutzen – ein häufiger Denkfehler

Es sieht alles beeindruckend aus. Die Treppe als skulpturales Zentrum des Hauses. Die Fenster wie aus dem Magazin. Sichtachsen quer durchs Erdgeschoss. Offenheit, Großzügigkeit, architektonischer Anspruch. Kein Zweifel – hier wurde mit ästhetischem Anspruch geplant.

Doch dann kommt das Leben. Und plötzlich ist kein Platz für den Schuhschrank. Der Esstisch steht im Durchgang. Die Kinder rennen durch den Sichtkorridor – quer durchs Bild, quer durchs Wohnzimmer. Und niemand findet einen ruhigen Ort, weil alles fließt, alles offen ist. Keine Nische, kein Rückzug. Nur Raum, der gesehen werden will, aber nicht genutzt werden kann.

Genau das passiert, wenn Ästhetik dominiert – und Funktion zu spät gedacht wird. Wenn Architektur als Bühne verstanden wird, aber niemand das Drehbuch geschrieben hat. Dann ist der Raum eine Kulisse – aber nicht bewohnbar.

Ein besonders häufiges Beispiel:

Die Positionierung von Treppen. Elegant geschwungen, freitragend, mit Blickbezug ins Obergeschoss. Aber keine Abgrenzung zum Wohnbereich. Und wer am Sofa sitzt, sieht jedem auf die Füße – und umgekehrt. Akustisch problematisch, optisch unruhig, funktional fragwürdig.

Oder:

> Raumhohe Fenster an der falschen Stelle. Großartig für die Lichtwirkung, katastrophal für den Alltag. Keine Wand für ein Sideboard. Keine Privatsphäre im Erdgeschoss. Kein Platz für Vorhänge – weil das Design keine vorgesehen hat.

Auch häufig:

> Küchen, die als Showpiece gedacht wurden. Kochinseln, die imposant wirken, aber keine ergonomischen Abläufe zulassen. Stauraum zu knapp. Arbeitsflächen zu weit auseinander. Optisch stark, aber alltagsfern.

Diese Entscheidungen entstehen selten aus Gedankenlosigkeit – sondern aus dem Wunsch, etwas Besonderes zu schaffen. Doch das Besondere entsteht nicht, wenn man die Funktion opfert, sondern wenn man sie meisterhaft integriert.

Gutes Design kann beides: wirken und funktionieren. Es stellt nicht Form über Nutzen – sondern verbindet beides. Dafür braucht es das richtige Zusammenspiel. Denn wenn der Architekt den Raum formt, muss jemand dazukommen, der fragt, wie man ihn lebt. Und ob das, was so gut aussieht, sich auch gut anfühlt.

> Wer nur auf die Optik schaut, läuft Gefahr, Räume zu bauen, die sich in der Praxis als schön, aber unpraktisch entpuppen. Und was nützt ein architektonisches Statement, wenn es den Alltag behindert?

Besser ist: erst denken, dann gestalten. Erst fragen, wie man leben will – und dann überlegen, wie es aussehen soll. Denn Schönheit ist kein Selbstzweck. Sie ist dann am stärksten, wenn sie im Alltag trägt.

Innenleben braucht Innenblick

Architektur plant Räume – aber sie erlebt sie nicht. Zumindest nicht so, wie Menschen sie später bewohnen. Was auf dem Plan stimmig aussieht, kann im Alltag stören, irritieren oder sogar belasten. Warum? Weil im Plan oft ein entscheidender Faktor fehlt: der Mensch mit seinen Bewegungen, Emotionen, Bedürfnissen.

Baupläne zeigen Wände, Maße, Öffnungen. Aber sie zeigen nicht, wie man morgens verschlafen durch den Flur tappt, ob man dabei das Licht erreicht, wo die Jacke hängt, ob man in der Küche jemanden stört. Sie zeigen nicht, wie sich ein Raum anfühlt, wenn man allein darin sitzt – oder wenn Kinder darin spielen. Sie sagen nichts darüber, ob sich das Leben in diesen Räumen entfalten kann – oder ob es sich immer irgendwie anpassen muss.

Viele dieser Aspekte werden im klassischen Planungsprozess ausgeblendet. Nicht aus Ignoranz, sondern weil sie in der Methodik oft keinen Platz haben. Die Norm ersetzt das Nachdenken. Der Raster ersetzt das Erleben. Und so entstehen Räume, die zwar „richtig" sind – aber nicht stimmig.

> Ein Innenblick bedeutet: zuerst verstehen, dann gestalten.

Dazu muss man wissen, wie ein Mensch lebt. Was er braucht. Was ihn entspannt. Was ihn nervt. Und wie er sich im Raum bewegt, verhält, regeneriert. Es bedeutet, Gewohnheiten ernst zu nehmen – ohne sie zu überidealisieren. Es bedeutet auch, Widersprüche auszuhalten: Der Wunsch nach Weite kann mit dem Bedürfnis nach Geborgenheit kollidieren. Der Stauraum mit der Ästhetik. Das Leben mit dem Bild vom Leben.

Hier setzt Interior Design an. Es fragt: Wer lebt hier – und wie? Nicht theoretisch, sondern ganz konkret. Es erkennt: Die große Form kann beeindrucken. Aber sie muss getragen werden von der kleinen Geste. Von der passenden Höhe der Steckdose. Der klugen Platzierung eines Schranks. Der richtigen Mischung aus Licht und Material. All das klingt banal – ist aber der Unterschied zwischen Raum und Zuhause.

Der Mensch ist kein Störfaktor im Raum. Er ist sein Maßstab. Und Innenleben entsteht nicht von selbst – es muss mitgedacht werden. Sonst bleibt der schönste Raum nur eine leere Hülle.

Architektur ist essenziell – aber nicht allein ausreichend

Wer ein Haus plant, braucht einen Architekten. Punkt. Ohne Statik, Bauordnung, Genehmigungen, technische Details und exakte Bauplanung geht gar nichts. Architektur ist das Fundament – im wörtlichen wie im übertragenen Sinn. Ohne sie würde aus einer Idee kein Gebäude. Aus einer Vision kein Raum. Aus einem Wunsch kein Wohnen.

Doch so wichtig der Architekt ist: Er ist selten allein die Antwort auf alles, was ein Zuhause lebendig, stimmig und persönlich macht. Viele Architekten sind exzellent in Struktur, Volumen, Proportion und Ausführung – aber die wenigsten denken sich tief in die emotionale Qualität von Räumen ein. Und das ist auch nicht ihre Kernaufgabe. Sie entwerfen Hüllen – stabile, schöne, präzise Hüllen. Doch was darin geschieht, wie sich ein Raum anfühlen wird, wie Alltag funktioniert und Atmosphäre entsteht – dafür braucht es zusätzliche Expertise.

Ein Innenarchitekt oder Interior Designerin ergänzt das große Ganze. Sie sehen nicht nur den Raum, sondern das Leben darin. Sie stellen Fragen, die im Architektenprozess selten vorkommen: Wo steht dein Lieblingsstuhl? Was passiert, wenn du morgens aufstehst? Welches Licht willst du abends spüren, wenn du zur Ruhe kommst? Wie verändert sich dein Alltag, wenn dein Kind größer wird – oder wenn Gäste bleiben?

Es geht nicht um ein Gegeneinander. Niemand soll ersetzt oder entwertet werden. Es geht um Teamarbeit. Und diese funktioniert dann am besten, wenn jede Disziplin ihren Blickwinkel einbringen darf – gleichberechtigt, offen und mit gegenseitigem Respekt. Architektur ist unverzichtbar. Aber wer auf die Gestaltung des Innen verzichtet, verlässt sich auf Zufall statt auf Entscheidung.

Darum gilt: Baue mit einem Architekten. Aber plane mit einem Innenarchitekten oder Interior Designer – zumindest dann, wenn du nicht nur Räume willst, sondern ein Zuhause.

Zusammenfassung:

- Architektur schafft bauliche Struktur, aber zuweilen auch zu wenig emotionale Raumqualität – diese entsteht nur durch ein durchdachtes Innenleben.

- Viele Räume wirken trotz korrekter Planung leer oder unbalanciert, weil sie nicht auf die reale Nutzung und Wahrnehmung abgestimmt sind.

- Ästhetische Entscheidungen ohne funktionale und atmosphärische Einbindung führen zu unbewohnbaren oder unpersönlichen Ergebnissen.

- Innenräume benötigen einen bewussten Blick auf Alltag, Verhalten, Bedürfnisse und Stimmung – erst dadurch entsteht Lebensqualität.

- Architektur und Interior Design sollten als sich ergänzende Disziplinen gedacht werden, nicht als isolierte Leistungen.

KAPITEL 6

GESTALTUNG TRIFFT REALITÄT

Warum starke Ideen ein stabiles Fundament brauchen

Wer ein gutes Auge für Räume hat, sieht schnell Potenzial: Wie man Flächen neu denken, Übergänge fließender gestalten oder Licht bewusster einsetzen könnte. Auch viele Bauherren entwickeln mit der Zeit ein beachtliches Gespür für Ästhetik – und wer mit einem Innenarchitekten oder einer Innenarchitektin arbeitet, bekommt meist Konzepte mit hoher gestalterischer Qualität.

Doch auch das beste Raumgefühl stößt an Grenzen, wenn es nicht auf einem tragfähigen Fundament ruht. Wände lassen sich nicht beliebig verschieben, technische Systeme müssen mitgedacht werden, und ohne den Blick auf Statik, Genehmigungen und bauphysikalische Grundlagen kann selbst die schönste Idee ins Leere laufen.

Genau hier wird klar: Gestaltung braucht Rahmenbedingungen. Und sie braucht Partner, die nicht nur das Schöne denken, sondern auch das Machbare mitdenken – idealerweise von Anfang an im Zusammenspiel. Als Interior Designer kennen wir genau diese Schnittstellen. Wir arbeiten an der Nahtstelle zwischen Nutzung, Gestaltung und Alltagstauglichkeit. Und wir wissen, wie entscheidend es ist, gute Ideen mit einem realistischen Blick zu entwickeln – ohne die kreative Kraft zu verlieren.

In diesem Kapitel geht es um die typischen Fehler, die entstehen können, wenn ein Projekt gestalterisch stark, aber technisch unterdimensioniert geplant wird. Wir zeigen dir, worauf du achten solltest – und wie du mit dem richtigen Team aus Architektur, Fachplanung und Interior Design sicherstellst, dass Ideen nicht nur begeistern, sondern auch Bestand haben.

Wenn Gestaltung nicht hält, was sie verspricht

Die erste Skizze kann ein Feuerwerk aus Ideen sein. Linien fließen, Räume öffnen sich, Übergänge verschwinden. Es entsteht ein Bild, das begeistert – auf dem Papier, am Moodboard, in der Vorstellung. Doch was passiert, wenn diese Entwürfe in die Realität übersetzt werden sollen?

Plötzlich stellt sich heraus: Die Wand, die man gerne entfernt hätte, trägt nicht nur das obere Geschoss, sondern auch das Dach. Die geplante Öffnung in der Decke für eine elegante Galerie? Strukturell nicht machbar, zumindest nicht ohne massiven Mehraufwand. Der Luftraum, der so großzügig gedacht war? Führt zu akustischen Problemen – und zu einem Heizkonzept, das den Kostenrahmen sprengt.

Das ist kein Versagen von Gestaltung. Es ist ein Zeichen dafür, dass gute Gestaltung ohne statisches, technisches und baurechtliches Fundament nicht funktioniert.

> Architektur ist die Bühne, auf der Interior Design wirken
> kann. Doch diese Bühne muss stabil gebaut sein. Sonst bricht
> das Konzept an genau der Stelle zusammen, an der es eigent-
> lich anfangen sollte, zu wirken.

Gerade wenn der Fokus zu früh allein auf Ästhetik liegt, entstehen Entwürfe, die beeindrucken, aber nicht halten. Ein Interior Designer, der professionell arbeitet, weiß um diese Grenzen – und sucht frühzeitig die Kooperation mit Architekten oder Fachplanern. Weil nur dann aus Ideen Wirklichkeit wird. Weil nur dann ein Raum nicht nur gedanklich beeindruckt, sondern auch in Beton, Holz oder Stahl.

Für Bauherren bedeutet das: Lasst euch begeistern – aber bleibt nicht im Entwurf hängen. Fragt nach Machbarkeit. Holt euch früh das Know-how ins Team, das euer Projekt sicher auf den Boden bringt. Gute Gestaltung fliegt nur dann, wenn das Fundament sie trägt.

Technik verschwindet – aber nur, wenn sie geplant ist

Es gibt Räume, die wirken wie aus einem Guss: klar strukturiert, atmosphärisch dicht, ästhetisch stimmig. Was man nicht sieht: Heizleitungen, Lüftungsschächte, Elektrotrassen, Installationszonen. Und genau das ist das Problem – denn was man nicht sieht, wird oft auch nicht mitgedacht.

Wenn Innenarchitekten oder kreative Planer Konzepte entwickeln, ist das Ziel meist ein starker Ausdruck: eine Handschrift, ein Stil, ein Gefühl. Doch Technik folgt anderen Regeln. Sie braucht Platz, Zugänglichkeit, Koordination. Sie ist nie das Highlight, aber immer die Voraussetzung. Ohne sie bleibt Gestaltung eine Hülle ohne Funktion.

Gerade bei offenen, durchgestalteten Konzepten stellt sich die Frage: Wo verlaufen die Leitungen? Wie wird gelüftet? Wie kommt man später an Technik heran, wenn etwas gewartet werden muss? Wer frühzeitig den Schulterschluss mit Fachplanern oder Architekten sucht, vermeidet spätere Kompromisse – oder gar Rückbauten, weil die Technik im Nachhinein „irgendwo untergebracht" werden musste.

Das Ziel ist klar: Räume, die ästhetisch funktionieren – und technisch durchdacht sind. Räume, bei denen man die Technik nicht sieht, aber spürt, dass sie da ist. Räume, in denen Komfort, Klima und Licht nicht zufällig entstehen, sondern geplant sind. Und das funktioniert nur, wenn Gestaltung und Technik zusammengedacht werden – von Anfang an.

Interior Designer können hier früh Impulse setzen, weil sie wissen, was eine gute Raumwirkung braucht. Aber ohne die technische Expertise der anderen Gewerke bleibt es bei der Idee. Deshalb gilt: Technik ist nicht das Gegenteil von Gestaltung. Sie ist ihr Rückgrat.

Wenn das Konzept am Bauamt scheitert

Die Vision steht. Die Skizzen sind überzeugend, das Raumgefühl stimmig, die Idee inspirierend. Doch dann kommt der erste Abgleich mit der Bauordnung – und plötzlich wird es still. Denn so schön ein Konzept auf dem Papier auch wirkt: Wenn es die baurechtlichen Vorgaben ignoriert, bleibt es genau das – eine schöne Idee.

Abstandsflächen, Mindest-Raumhöhen, Brandschutzvorgaben, Stellplatznachweise, Erschließungsfragen – all das sind keine Randthemen. Sie sind Spielregeln, ohne die kein Projekt realisiert werden kann. Und je weiter man in der Planung ist, desto teurer wird jede Korrektur. Was am Anfang ein kreativer Höhenflug war, wird im schlimmsten Fall zur Bauchlandung.

Das bedeutet nicht, dass gestalterische Freiheit unmöglich ist. Im Gegenteil: Die besten Konzepte entstehen dort, wo man die Grenzen kennt – und sie intelligent auslotet. Dazu braucht es Know-how über die jeweilige Landesbauordnung, Erfahrung im Umgang mit Ämtern und ein realistisches Einschätzen dessen, was genehmigungsfähig ist.

Innenarchitekt:innen mit Erfahrung in der Bauantragsplanung können hier viel leisten. Doch ohne fundiertes bauordnungsrechtliches Wissen – oder ein unterstützendes Architekturbüro – droht die Gefahr, dass brillante Ideen an einfachen Vorgaben scheitern. Auch Interior Designer:innen sollten hier wachsam sein: Wenn baurelevante Änderungen erforderlich werden, muss die Kommunikation mit den zuständigen Fachstellen sichergestellt sein.

> Bauanträge werden nicht nach Ästhetik bewertet, sondern nach Gesetz. Und kein Projekt kommt an dieser Realität vorbei.

Wenn die Zahlen nicht stimmen – und keiner es merkt

Ein stimmiges Konzept ist wichtig. Aber ohne fundierte Kalkulation wird es schnell gefährlich. Denn wer nur nach Gefühl plant oder sich von Moodboards leiten lässt, riskiert, dass das Projekt entweder nie umgesetzt wird – oder nur in einer abgeschwächten, enttäuschenden Version.

Der vielleicht größte Irrtum in frühen Planungsphasen: zu glauben, gute Ideen ließen sich immer kostengünstig umsetzen. Dabei sind Budget, Materialien, Ausführungstiefe und Handwerkerpreise keine Nebensache – sie entscheiden über den Unterschied zwischen Vision und

Wirklichkeit. Eine freistehende Treppe, ein fugenloses Bad, eingebaute Möbel – all das kostet nicht nur Geld, sondern erfordert saubere Planung und handwerkliche Expertise.

Doch gerade hier wird oft geschönt, geschätzt oder ignoriert. Zahlen werden nicht geprüft, sondern angenommen. Positionen im Gewerk bleiben offen. Technische Details werden ausgeblendet – unter dem Motto „Das schauen wir später". Nur: Später ist es dann zu spät. Die Realität holt jedes Projekt ein. Und die Kosten auch.

Hier zeigt sich der Wert eines professionellen Projektpartners: Jemand, der nicht nur weiß, wie etwas aussehen könnte, sondern auch, was es kostet, wie lange es dauert und wer es umsetzen kann. Gute Interior Designer:innen binden frühzeitig Fachplaner ein, sprechen mit Handwerkern, machen Preisschätzungen transparent und setzen auf ehrliche Beratung statt auf schnelle Begeisterung.

Denn am Ende zählt nicht, was auf dem Pinterest-Board glänzt – sondern was tatsächlich gebaut wird. Und das gelingt nur mit Substanz. Mit realistischen Budgets. Mit durchdachter Planung. Und mit dem Mut, rechtzeitig Stopp zu sagen, wenn etwas zu gut klingt, um wahr zu sein.

Idee trifft Realität – und braucht Verbindlichkeit

> Gute Gestaltung lebt von kreativen Freiräumen. Aber sie braucht ein stabiles Fundament – technisch, rechtlich und finanziell.

Wer bauen oder umbauen will, kann sich nicht nur auf schöne Ideen verlassen. Es braucht Realitätsnähe. Und Klarheit. Vor allem beim Budget.

Denn ein Konzept ist nur so gut wie der Rahmen, in dem es umgesetzt werden kann. Genau hier entstehen Spannungen: Viele Bauherren wünschen sich das Besondere, wissen aber nicht, was es wirklich kostet. Und nicht selten landet die Verantwortung dann beim Interior Designer – obwohl dieser mit den Marktpreisen arbeitet, nicht mit Wunschdenken. Wenn hochwertige Materialien gewünscht sind, Maßanfertigungen, stimmige Konzepte und gutes Handwerk – dann braucht es ein realistisches Budget. Kein Designer kann aus Luft ein Meisterwerk bauen. Und kein Projekt lässt sich seriös planen, wenn der Rahmen ständig unklar bleibt.

Es geht nicht darum, Träume zu beschneiden. Sondern darum, Träume so zu denken, dass sie auch tragfähig sind. Dafür braucht es klare Kommunikation, ein offenes Miteinander – und die Bereitschaft, Entscheidungen nicht zu vertagen, sondern ehrlich zu treffen.

Ein guter Interior Designer hilft dir dabei. Nicht, indem er dir sagt, was du hören willst – sondern, was du wissen musst. Damit am Ende nicht nur ein schöner Plan steht, sondern ein Zuhause, das wirklich funktioniert.

Zusammenfassung:

- Gute Gestaltung scheitert häufig an mangelnder technischer, statischer oder rechtlicher Umsetzbarkeit – besonders wenn sie zu spät überprüft wird.

- Technische Infrastruktur (Lüftung, Elektrik, Statik) muss frühzeitig mitgedacht werden, damit Design realisierbar bleibt.

- Bauämter, Budgets und Ausführungspraxis setzen klare Grenzen – kreative Konzepte müssen mit diesen Rahmenbedingungen abgeglichen werden.

- Fehlende oder unrealistische Kostenschätzungen führen oft zu später Enttäuschung oder massiven Korrekturen.

- Fazit: Gestaltung braucht Verbindlichkeit – in Planung, Budget, Kommunikation und Umsetzung. Sonst bleibt sie Wunschbild.

KAPITEL 7

WENN ALLES STIMMT – UND TROTZDEM NICHTS PASST

Unperfekt trotz Profi-Team: Warum Räume mehr brauchen als Architektur und Technik

Wir erleben es oft: Da arbeiten Architekten und Innenarchitekten präzise und korrekt, alle Gewerke sind eingebunden, die Technik ist sauber durchgeplant – und trotzdem wirkt der Raum am Ende leblos. Alles scheint zu passen. Und doch fehlt etwas.

Gerade im deutschsprachigen Raum ist Bauen stark technisch geprägt und perfekt durchgeplant. Architektur denkt in Baukörpern und baulicher Ordnung, Innenarchitektur kümmert sich um Raumzuschnitte, Materialien, gesetzliche Vorgaben. Was dabei oft zu kurz kommt, ist der Mensch. Seine Wahrnehmung. Seine Lebensweise. Seine Geschichte.

Ein echter Designansatz beginnt nicht mit Technik, sondern mit Persönlichkeit. Er interessiert sich zuerst für die Menschen, die später dort wohnen, leben, arbeiten, ankommen sollen. Genau hier setzt Interior Design an – als eigenständige, verbindende Disziplin zwischen Planung, Gefühl und Nutzung.

> Ohne Interior Design fehlt häufig die emotionale Klammer: die Stimmung, die Wirkung von Licht, die sinnvolle Struktur im Alltag, die kleine Geste, die den Unterschied macht. Räume wirken dann austauschbar, neutral – korrekt, aber ohne Charakter.

In diesem Kapitel zeigen wir, was selbst ein gutes Planungsteam ohne Interior Design oft übersieht. Und warum eine durchdachte Gestaltung, die sich nicht auf Möbel oder Farbe reduziert, den entscheidenden Unterschied machen kann. Nicht als Deko – sondern als Haltung. Als Werkzeug. Als Bindeglied.

Denn: Technik baut ein Haus. Design macht es bewohnbar.

Warum Räume nicht automatisch wirken

Man kann einen Raum bis ins Detail planen – und trotzdem nichts spüren. Keine Atmosphäre, keine Spannung, kein Ankommen. Alles ist richtig. Aber nichts ist besonders. Genau das erleben wir immer wieder bei Projekten, bei denen zwar Architektin und Innenarchitektin beteiligt waren – aber kein Interior Design. Die Grundstruktur stimmt, die Normen sind erfüllt, die Ausführung ist hochwertig. Und trotzdem fehlt etwas. Es ist schwer zu greifen, aber sofort spürbar.

Das liegt daran, dass räumliche Wirkung nicht automatisch entsteht. Sie braucht ein bewusstes Zusammenspiel aus Funktion, Material, Licht, Maßstab und Nutzungsidee. Räume müssen „erzählt" werden – nicht im Sinne eines Storytellings, sondern im Sinne einer kohärenten inneren Logik. Einer Logik, die auf den Menschen bezogen ist, nicht nur auf Bauvorgaben oder Einrichtungsstandards.

Wenn Interior Design fehlt, fehlt oft genau dieser Blick. Der Raum wird gesehen – aber nicht empfunden. Die Wirkung wird dem Zufall überlassen oder auf spätere Möblierung verschoben. Dabei entscheidet sich das Gefühl für einen Raum nicht erst beim Sofa oder beim Teppich, sondern schon bei Wandverläufen, Blickachsen und Lichtquellen.

Was oft übersehen wird: Wirkung ist kein Add-on. Sie ist integraler Bestandteil der Planung. Ohne diesen Fokus bleiben Räume distanziert. Vielleicht repräsentativ, vielleicht ordentlich, vielleicht hochwertig. Aber nicht lebendig. Und schon gar nicht persönlich.

Deshalb gilt: Ein Raum wirkt nicht, nur weil er fertig ist. Er wirkt, wenn er auf seine Nutzung, seine Bewohner und ihre Bedürfnisse abgestimmt ist. Wenn Materialität Sinn ergibt. Wenn Lichtführung Intuition ermöglicht. Wenn man nicht nur versteht, was man sieht – sondern fühlt, dass man angekommen ist.

Zwischen Stil und Substanz

Viele Bauherren beginnen ihre Planung mit einem Satz wie: „Ich mag den skandinavischen Stil." Oder: „Ich finde diesen minimalistischen Look toll." Das ist verständlich – denn Inspiration ist der erste Impuls jeder Gestaltung. Doch hier lauert auch ein Denkfehler:

> Nur weil dir ein Stil gefällt, heißt das noch lange nicht, dass er dich im Alltag trägt, dir Halt gibt oder dich wirklich entspannt.

Ein Raum ist nicht automatisch gut, nur weil er gut aussieht. Er ist dann gut, wenn er dich versteht. Wenn er dich spiegelt – nicht nur optisch, sondern funktional und emotional. Wenn er dir Struktur gibt, ohne dich zu begrenzen. Wenn er dich aufatmen lässt, ohne dich zu überfordern.

Design ist mehr als Dekoration. Es ist nicht das, was am Ende drübergestreut wird, sondern das, was am Anfang mitgedacht wird. Es beginnt mit dir – und nicht mit einem beliebigen Moodboard, auf dem schöne Dinge ansprechend angeordnet werden. Es fragt: Wie willst du leben? Was brauchst du, um dich wohlzufühlen? Was stresst dich – und was erdet dich?

Gerade weil sich Menschen oft nur über Geschmack definieren, übersehen sie ihre tatsächlichen Bedürfnisse. Die Frage „Was gefällt mir?" reicht nicht. Die bessere Frage ist: „Was brauche ich, damit ich mich in einem Raum wirklich wohlfühle?"

Gutes Interior Design beantwortet beides: die Frage nach dem Stil und die nach der Substanz. Es denkt Form und Funktion zusammen. Es erlaubt dir, dein Zuhause nicht nur zu gestalten, sondern zu erleben.

Und es schützt dich davor, dich selbst zu übergehen – nur weil eine Ästhetik gerade im Trend liegt.

Genau deshalb arbeiten wir anders. Unsere Moodboards entstehen nicht gleich zu Beginn – sie kommen erst, wenn wir dich wirklich kennen. Wenn wir gemeinsam mit dir durch Fragen, Gespräche und gezielte Analysen das freigelegt haben, was dich ausmacht: deine Erfahrungen, Gewohnheiten, Bedürfnisse und Wünsche. Dieser Prozess dauert. Und ja – er ist intensiv. Fast schon psychologisch.

Aber genau das ist der Punkt. Wir gestalten keine Räume von der Stange. Wir entwickeln Räume aus deiner Persönlichkeit heraus. Und erst wenn wir diese klar erfasst haben, beginnt die visuelle Übersetzung – das Moodboard ist das Ergebnis eines durchdachten Prozesses, nicht der Anfang.

Das macht unsere Arbeit besonders – und darauf sind wir stolz.

Räume wirken durch Erfahrung – nicht durch Oberfläche

Man kann einen Raum nicht nur ansehen – man muss ihn erleben. Und dafür reicht keine schöne Tapete, kein hochwertiger Stuhl und kein ausgefallenes Lichtobjekt. Atmosphäre entsteht nicht durch einzelne Objekte, sondern durch ihr Zusammenspiel. Durch die Abstände zwischen Dingen. Durch Materialien, die man berühren will. Durch Licht, das nicht blendet, sondern begleitet. Durch Farben, die nicht schreien, sondern atmen.

Viele unterschätzen, wie fein das Zusammenspiel sein muss, damit ein Raum wirkt. Und wie viele Entscheidungen davor getroffen werden müssen, damit sich das Erleben später leicht anfühlt.

Ein gutes Raumgefühl kommt nicht von allein. Es braucht Erfahrung, einen geschulten Blick und ein tiefes Verständnis dafür, wie Menschen sich in Räumen bewegen, was sie brauchen – und wie sie sich fühlen wollen.

> Die Wirkung eines Raumes ist nicht das, was man sieht. Sie ist das, was bleibt, wenn man schon längst wieder gegangen ist.

Darum geht Interior Design weit über das Dekorative hinaus. Es plant nicht nur, wo ein Sofa steht – sondern warum. Es entscheidet nicht nur, welches Holz an die Wand kommt – sondern welches Gefühl es erzeugen soll.

Atmosphäre ist präzise. Aber nicht technisch. Sie ist emotional. Aber nicht willkürlich.

Sie ist das Ergebnis einer Haltung: Räume nicht für den Katalog zu bauen – sondern für das Leben.

Innenleben entsteht nicht von allein

Ein Haus kann technisch perfekt gebaut sein – und sich trotzdem leer anfühlen. Räume können alle Funktionen erfüllen – und dennoch keine Resonanz erzeugen. Man kann sich darin bewegen, aber nicht ankommen. Genau hier liegt die Lücke, die klassisches Planen oft offenlässt: die Verbindung zwischen Struktur und Seele.

Denn auch der schönste Grundriss sagt nichts darüber aus, wie sich der Alltag darin anfühlen wird. Ob du dich getragen fühlst. Ob du dich zuhause fühlst. Architektur kann Volumen definieren, Statik sichern, Licht einfangen. Aber was ein Raum mit dir macht, das entscheidet sich auf einer anderen Ebene.

Dafür braucht es jemanden, der nicht nur Räume versteht, sondern auch Menschen. Jemanden, der dich nicht fragt, welchen Tisch du willst – sondern wie du lebst. Was dich stört, was dich stärkt. Was dir Energie gibt, was dir Ruhe schenkt. Diese Fragen kommen selten in der Statik vor, aber sie entscheiden über Lebensqualität.

Interior Design beginnt dort, wo technisches Denken endet. Es baut keine Wände – es denkt, was zwischen den Wänden passiert.

Darum geht es im nächsten Kapitel: Welche Rolle Interior Design im Gesamtprozess spielt. Warum es nicht um Möbel und Accessoires geht – sondern um Haltung, Klarheit und das unsichtbare Gerüst, das alles zusammenhält. Und wie man damit nicht nur Räume einrichtet, sondern ein Zuhause gestaltet.

Zusammenfassung:

- Auch technisch perfekte Räume können leblos oder unpassend wirken, wenn sie nicht auf menschliche Wahrnehmung und Lebensweise abgestimmt sind.

- Ohne Interior Design fehlt häufig die emotionale Klammer – Räume bleiben formal korrekt, aber wirken austauschbar oder distanziert.

- Stilpräferenzen allein reichen nicht aus; entscheidend ist eine tiefere, nutzungsbezogene und erfahrungsorientierte Gestaltung.

- Wirkung entsteht nicht durch Oberflächen, sondern durch sinnvolle Raumbeziehungen, Atmosphäre und persönliche Relevanz.

KAPITEL 8

DIE ROLLE VON INTERIOR DESIGN

Warum echte Wohnqualität erst entsteht, wenn Technik, Raum und Gefühl zusammenkommen

Gutes Interior Design ist keine Kür, kein Lifestyle-Add-on, keine Farbberatung im Nachgang. Es ist der zentrale Katalysator, der technische Machbarkeit, räumliche Struktur und menschliches Erleben zu einem funktionierenden Ganzen verbindet. Es beginnt da, wo die meisten Planungen aufhören: bei dir.

Denn kein Raum funktioniert nur auf dem Papier. Räume werden erst durch dich sinnvoll. Durch deine Abläufe, deine Bedürfnisse, deine Gewohnheiten – und deine Geschichte. Interior Design übersetzt genau das in Raumlogik, Materialität, Lichtführung, Proportion und Stimmung.

Es erkennt früh, was später teuer wird. Es stellt Fragen, die keine Norm vorgibt. Und es schafft Klarheit in einem Prozess, der für viele Bauherren zunächst diffus bleibt. Was brauchst du wirklich? Was ist zu viel? Wo lohnt es sich zu investieren – nicht nur finanziell, sondern emotional?

Interior Design denkt voraus. Es denkt mit. Und es denkt quer. Es verbindet, was andere oft getrennt betrachten: Struktur und Atmosphäre, Funktion und Emotion, Technik und Intuition.

Ein guter Interior Designer ist kein Verkäufer schöner Dinge. Sondern ein analytischer Gesprächspartner, ein systematischer Übersetzer deiner Anforderungen, ein kritischer Fragensteller, ein kreativer Möglichmacher.

Er erkennt Muster – in deinen Vorlieben, deinem Alltag, deiner Art zu wohnen. Er arbeitet nicht mit Standardlösungen, sondern mit Präzision. Und er weiß, dass jedes Projekt anders ist, weil jeder Mensch anders ist.

Deshalb beginnt Interior Design nicht mit „Was gefällt dir?" – sondern mit: „Wer bist du – und wie willst du leben?" Die Antworten darauf führen nicht zu Trends, sondern zu Substanz. Sie führen nicht zu einer schönen Oberfläche, sondern zu einer starken Basis. Und sie führen dich dahin, wo du dich zuhause fühlst – wirklich.

Wer Interior Design nur als Kostenfaktor sieht, versteht seine Rolle nicht. Denn schlechte Entscheidungen kosten mehr. Nicht nur Geld, sondern Lebensqualität. Und sie schleichen sich leise ein – in Form von Irritation, Unzufriedenheit, Dauerkompromissen.

Interior Design ist deshalb kein Luxus. Sondern ein Werkzeug. Für bessere Entscheidungen. Für stimmige Räume. Für Klarheit – und für Ruhe.

Und das ist vielleicht der größte Mehrwert: Räume, die dich nicht überfordern. Sondern tragen, begleiten – und dir das Gefühl geben, angekommen zu sein.

Um dir vor dem Bau sicher zu sein, dass es deine Räume sein werden, musst du sie erleben. Das gelingt heute ganz einfach: mit Virtual Reality.

KAPITEL 9

WARUM VIRTUAL REALITY DER GAME-CHANGER IST

Planung sehen, fühlen, erleben – bevor gebaut wird

Stell dir vor, du betrittst dein zukünftiges Zuhause – bevor der erste Stein gesetzt ist. Du gehst durch den Flur, setzt dich auf dein Sofa, schaust, wie das Licht durchs Fenster fällt. Du merkst, ob dein Esstisch wirklich passt. Ob die Raumhöhe sich angenehm anfühlt. Ob du dich wohlfühlst.

Genau das macht Virtual Reality möglich.

Pläne auf Papier sind zweidimensional. Sie zeigen Flächen, Linien, Proportionen. Aber sie sagen dir nicht, wie es sich anfühlt, dort zu leben. VR ändert das grundlegend. Es ist kein Gimmick – sondern ein Planungstool, das hilft, Fehlentscheidungen zu vermeiden, Unsicherheiten zu reduzieren und dein Zuhause vorab wirklich zu begreifen.

In unserem Unternehmen setzen wir Virtual Reality ganz bewusst nicht nur als Technik ein, sondern als Erkenntnisinstrument. Es geht nicht um das „Wow", sondern um das „Aha". Denn viele Probleme, die Bauherren später viel Geld kosten, sind in VR sofort spürbar – räumlich, emotional, realistisch.

In diesem Kapitel zeigen wir dir, was Virtual Reality in der Planungsphase leisten kann, welche Fragen sie beantwortet – und warum sie dich zu besseren Entscheidungen führt. Es ist der Moment, in dem Vorstellung zur Erfahrung wird.

Die Illusion der Vorstellungskraft

Du schaust auf den Grundriss. Alles sieht sinnvoll aus: Die Küche grenzt an den Essbereich, das Schlafzimmer hat ein Fenster zum Garten, das Wohnzimmer wirkt großzügig. Zahlen, Flächen, Linien – du denkst, du verstehst, was du bekommst. Doch dann ziehst du ein. Und merkst: Der Esstisch passt zwar rein, aber nicht wirklich. Das Sofa wirkt gedrängt. Und das Fenster, das du so groß fandst? Es sitzt zu hoch. Oder zu tief. Oder es fühlt sich einfach falsch an.

Was ist passiert?

Die Antwort ist einfach – aber folgenschwer: Du hast geplant, ohne zu begreifen. Denn 2D ist nicht 3D. Und 3D auf dem Bildschirm ist auch nur 2D. Die Illusion, dass man aus Plänen echte Räume „herauslesen" kann, hält sich hartnäckig – doch sie führt regelmäßig in die Irre.

Selbst vermeintlich fotorealistische Renderings oder spielerische 3D-Konfiguratoren täuschen über eines hinweg: Du betrachtest ein Bild. Keine Realität. Keine Tiefe. Kein Körpergefühl. Kein Raumklima. Keine Präsenz.

Und hier kommt Virtual Reality ins Spiel.

Mit einer VR-Brille stehst du mitten im Raum. Du blickst dich um. Du läufst durch dein künftiges Zuhause. Du spürst, ob die Deckenhöhe angenehm ist. Ob du die Kücheninsel passieren kannst, ohne dich einzuengen. Ob du das Bett stellen kannst, wie du es dir vorgestellt hast – und ob das Fenster dann noch sinnvoll platziert ist. Du nimmst wahr, ob der Lichtschalter in Griffweite liegt. Ob der Flur sich endlos oder einladend anfühlt.

Ein Beispiel:

In einem unserer Projekte plante das Architekturbüro ein Schlafzimmer mit direkter Verbindung zur Ankleide und anschließendem Masterbad – ein gängiges Konzept, das modern wirkt und theoretisch sehr sinnvoll erscheint. Der Gedanke dahinter: Morgens aufstehen, direkt in die Ankleide, dann ins Bad – alles in einem Ablauf, fließend, logisch.

Auf dem Grundriss war das überzeugend. Drei Räume, klar gegliedert, sinnvoll aneinandergereiht. Doch als die Bauherren das Konzept durch unsere VR-Brille erlebten, kam die Ernüchterung. Es fühlte sich nicht intuitiv an – sondern wie ein Schlauch. Der Weg vom Bett bis zur Dusche wirkte langgezogen und technisch. Man musste zweimal um die Ecke gehen, Lichtschalter suchen, sich orientieren. Das Bad fühlte sich entfernt an, die Ankleide zu eng. Kein Gefühl von Ruhe oder Intimität, sondern eher wie in einem Hotelkorridor.

Die Bauherren reagierten sofort. Sie baten um eine neue Lösung – und wir planten gemeinsam um. Weniger linear, mehr zoniert. Die Räume rückten enger zusammen, Übergänge wurden fließender gestaltet, Blickachsen geöffnet, Licht besser geführt. Als sie die neue Version in der VR betraten, war es auf einmal stimmig. Es war kein Schlauch mehr, sondern ein persönlicher Rückzugsort mit Charakter.

Ohne Virtual Reality wäre diese Erkenntnis vermutlich erst nach dem Einzug gekommen. Zu spät. Zu teuer. Zu ärgerlich. So aber war es nur ein Erkenntnismoment – und der Beginn einer besseren Lösung.

Das zeigt: Deine Vorstellung ist zweidimensional – dein Leben aber nicht. Du wirst Räume erst dann wirklich begreifen, wenn du sie erlebst. Und genau dafür wurde Virtual Reality gemacht.

Sie ist kein Spielzeug. Sie ist ein Werkzeug. Und sie hilft dir, Fehler zu vermeiden, die du sonst erst nach dem Einzug bemerkst – wenn es zu spät ist.

Was Virtual Reality möglich macht

Es ist ein Paradoxon: Beim Bauen geht es um Entscheidungen – viele, präzise, endgültige. Und doch treffen die meisten Bauherren diese Entscheidungen ohne zu fühlen, was sie wirklich bedeuten. Sie analysieren Grundrisse, vergleichen Maße, berechnen Quadratmeter. Sie agieren rational – weil es keine andere Option gibt. Denn das fertige Gefühl, das spätere Erleben, bleibt abstrakt. Unvorstellbar.

Virtual Reality ändert das. Sie verlagert das Erleben vom danach ins davor.

Wer sich in einem virtuellen Modell bewegt, begreift Räume auf eine völlig neue Weise. Du stehst plötzlich in deinem Wohnzimmer. Du spürst, wie die Blickachse von der Küche bis zum Garten zieht – oder eben nicht. Du gehst durch den Flur und merkst, ob er sich öffnet oder einengt. Du drehst dich, schaust nach oben, nimmst Lichtverhältnisse wahr. Und du fühlst sofort, ob sich etwas stimmig anfühlt oder nicht.

> Denn genau das ist der Knackpunkt: Gefühle entstehen vor Gedanken. Intuition schlägt Kalkül.

Wenn du in einem Raum stehst – real oder virtuell – dann reagiert dein Körper, dein Inneres. Du merkst es sofort: Hier stimmt was nicht. Oder eben: Hier fühle ich mich gut. Dieses unmittelbare Feedback ist unschätzbar. Denn was du nicht spürst, kannst du nicht antizipieren. Und was du nicht antizipierst, wird dich nach dem Einzug möglicherweise stören – jeden Tag.

Mit VR wird dieses Gefühl vorgezogen. Es wird aktiviert, noch bevor die erste Wand steht. Und dadurch wird die emotionale Seite der Planung endlich gleichberechtigt mit der funktionalen. Nicht entweder – sondern beides.

Das ist essenziell, weil Wohnen kein statischer Zustand ist. Es ist gelebte Beziehung – zu den Räumen, zu den Dingen, zu den Menschen. Alles, was du in deinem Zuhause tust, passiert im Zusammenspiel mit der Umgebung. Ob du dich bewegst, zur Ruhe kommst, kochst, arbeitest, lachst oder weinst – der Raum antwortet. Und du antwortest zurück.

Virtual Reality macht genau das möglich: eine Probe des Lebens. Keine Simulation – ein Testlauf. Für dich, für deine Entscheidungen, für dein Zuhause.

> Denn gute Planung beginnt nicht mit Plänen. Sie beginnt mit dem Erleben.

INTERI.VISION: Planung ohne Blindflug

INTERI.VISION ist entstanden aus einer einfachen Beobachtung: Die meisten Fehlentscheidungen entstehen nicht, weil Menschen schlechten Geschmack haben – sondern weil sie sich Räume nicht vorstellen können. Oder besser gesagt: weil sie glauben, es zu können. Grundrisse wirken verständlich, Renderings wirken eindrucksvoll. Aber beides ist nicht dasselbe wie Raumgefühl. Beides bleibt flach.

Deshalb haben wir ein Angebot geschaffen, das dort ansetzt, wo die meisten Planungen noch im Nebel tappen: ganz am Anfang. Noch bevor Fliesen ausgesucht oder Lampen diskutiert werden. Noch bevor über Farben, Formen und Stile gesprochen wird.

INTERI.VISION ist ein Virtual-Reality-gestützter Planungsservice, der dir hilft, die Struktur deiner Räume zu erleben, bevor sie gebaut sind. Es geht nicht um Design im klassischen Sinn – es geht um Orientierung. Um Maßstäblichkeit. Um den Blick für Zusammenhänge. Wir zeigen dir, wie sich dein Alltag durch dein Haus bewegen wird. Wie weit das Bad wirklich vom Schlafzimmer entfernt ist. Wie eng die Küche wird, wenn der Esstisch steht. Wie der Lichteinfall im Wohnzimmer wirkt – nicht auf Papier, sondern in deinem eigenen Gefühl.

Dabei arbeiten wir mit vereinfachten Modellen. Kein Schnickschnack. Keine hübsche Oberfläche, die vom Wesentlichen ablenkt. INTERI.VISION gibt dir ein klares, unmittelbares Erlebnis der geplanten Struktur. Es zeigt dir, was du brauchst, um Entscheidungen zu treffen, die wirklich zu dir passen – und zu deinem Alltag.

Das Ziel: weniger Blindflug in der frühen Planungsphase. Mehr Sicherheit für deine Entscheidungen. Keine halbgaren Kompromisse, die später teuer werden. Stattdessen echte Erkenntnis – und das rechtzeitig.

Mit INTERI.VISION wirst du nicht zum Architekten. Aber du wirst zum aktiven Mitdenker deines Projekts. Und das verändert alles.

Natürlich verursacht ein Service wie INTERI.VISION zusätzliche Kosten. Das lässt sich nicht schönreden – und wir wollen es auch nicht. Aber diese Investition ist im besten Sinne vorbeugend. Denn was du hier ausgibst, sparst du an anderer Stelle vielfach wieder ein.

Jede falsche Entscheidung, die in der Bauphase auffällt, wird teuer: Wände müssen versetzt, Installationen umgelegt, Möbel ersetzt oder Einbauten neu geplant werden. Und je später diese Fehler entdeckt werden, desto größer ist der Schaden – finanziell, nervlich, gestalterisch.

Mit INTERI.VISION kannst du all das vermeiden. Du bekommst vorab ein realistisches Gefühl für deine Räume, erkennst Schwächen im Konzept frühzeitig – und kannst sie im Dialog mit deinen Planern beheben, bevor der erste Stein gesetzt ist.

Das ist kein Luxus, sondern ein Werkzeug für bessere Entscheidungen. Eine Versicherung gegen spätes Bedauern. Und letztlich ein entscheidender Beitrag zur Qualität deines Zuhauses.

Von statisch zu immersiv – neue Standards in der Visualisierung

Die klassische Architekturplanung hat oft eine klare Rollenverteilung: Die Profis entwerfen, die Bauherren entscheiden – idealerweise informiert, oft aber nur intuitiv. Der Informationsfluss ist asymmetrisch: Zeichnungen, Renderings und Pläne sprechen eine Sprache, die viele Bauherren nicht gelernt haben. Das Ergebnis: Entscheidungen werden auf Basis von Vermutungen getroffen – und nicht auf Basis von Verständnis.

Mit immersiven Tools wie INTERI.VISION ändert sich diese Logik grundlegend. Du stehst nicht mehr außen vor, sondern buchstäblich mittendrin. Du verstehst nicht nur, was geplant wurde – du fühlst, ob es für dich funktioniert. Räume werden erlebbar, nicht erklärbar. Und genau dadurch wirst du vom bloßen Empfänger zum aktiven Beteiligten.

Das verändert auch die Kommunikation mit Fachleuten. Gespräche finden nicht mehr auf Basis abstrakter Zeichnungen statt, sondern anhand von gemeinsam erlebten Szenarien. Du kannst Fragen stellen, Einwände haben, Alternativen ausprobieren – und das in Echtzeit.

> Statt statischer Präsentationen gibt es dynamische Interaktionen. Statt Vermutungen gibt es Erlebnisse. Und statt später Reue zu empfinden, triffst du früh stimmige Entscheidungen.

Das hebt nicht nur das Planungserlebnis auf ein neues Niveau – es schafft neue Standards. Die Zeiten, in denen Visualisierung primär ein Marketingtool war, sind vorbei. Immersion ist kein „Wow-Effekt", sondern ein handfestes Werkzeug für Qualität, Klarheit und Verbindlichkeit.

Aber: Damit das funktioniert, brauchst du die richtigen Partner an deiner Seite. Einen (Innen-)Architekten oder eine (Innen-)Architektin, die nicht nur deine Räume planen, sondern auch deine Perspektive ernst nehmen. Denn VR verändert nicht nur, was geplant wird – sondern auch, wie. Es gibt keine klassische Hierarchie mehr. Keine Top-down-Entscheidung, bei der du als Bauherr*in nur noch abnickst. Es ist ein Planungsprozess auf Augenhöhe.

Das verlangt Offenheit – und Anpassung. Wer weiterhin im klassischen Entwurfsmodus bleibt und erst im Nachgang Details verfeinert, wird mit der Dynamik eines immersiven Prozesses schnell überfordert sein. Auch die Kostenstrukturen müssen dem entsprechen. Ein Architekt, der nach den alten Phasenhonoraren plant, aber plötzlich mit VR-Feedbackschleifen arbeitet, kalkuliert ins Leere – und du zahlst am Ende drauf.

Darum ist entscheidend: Sprich früh über diese neue Form der Zusammenarbeit. Wähle Partner, die bereit sind, dich einzubeziehen – und deren Arbeitsweise genau das abbildet. Denn nur dann kannst du die Vorteile von Virtual Reality wirklich nutzen: bessere Kommunikation, frühere Erkenntnisse – und Entscheidungen, die sich langfristig richtig anfühlen.

Fallbeispiele & Aha-Erlebnisse

Manchmal reicht ein einziger Schritt – und alles kippt. Ein Perspektivwechsel, ein Blick, ein Gefühl: So geht das nicht. Genau das ist der Moment, in dem Virtual Reality ihr ganzes Potenzial entfaltet. Nicht als technischer Gag, sondern als Erkenntnisverstärker.

Ein Beispiel:

Eine Familie mit zwei kleinen Kindern, auf der Suche nach dem perfekten Zuhause. Sie hatten sich für ein Fertighaus entschieden – kein Keller, durchoptimierter Grundriss, alles kompakt. Preislich in Reichweite, architektonisch durchdacht. Der Plan schien zu stimmen. Doch beim ersten virtuellen Rundgang wurde ihnen klar, was auf dem Papier nicht zu spüren war: Es fehlt an Platz, an Rückzugsorten, an Stauraum – und zwar dramatisch. Kinderwagen, Sportzeug, Vorräte, Wäsche – wohin mit all dem?

Die Einsicht kam nicht aus einer Checkliste. Sie kam aus dem Erleben. Aus dem Versuch, sich im Modell zu bewegen, aus dem Mangel an Optionen. Die Familie entschied sich um. Nicht gegen ihr Ziel, aber gegen die starre Vorstellung. Sie kauften ein Bestandsobjekt, das sie zu einem späteren Zeitpunkt wieder verkaufen können – um dann, wenn die Kinder größer sind, gezielter zu bauen. Manchmal bedeutet gute Entscheidung eben auch, loszulassen.

Ein anderes Projekt:

Eine Treppe im Flur – optisch schön, architektonisch sauber. Doch im offenen Grundriss lag das Wohnzimmer direkt an der Diele. Und die Treppe führte – elegant, aber unpraktisch – mitten durch die Szenerie. Beim VR-Rundgang stellte sich die Frage: Wie fühlt sich das an, wenn die Jugendlichen nachts nach Hause kommen und durch das

Wohnzimmer schleichen müssen, in dem die Eltern Gäste haben? Oder wenn das Baby schläft und jedes Trittgeräusch durch den Luftraum nach oben schallt?

Die Lösung war einfach – aber nur sichtbar durch die Perspektive: Die Treppe wurde gedreht, der Zugang verändert, der Grundriss minimal angepasst. Was vorher als gestalterisches Highlight galt, wurde zur funktionalen Schwachstelle – und anschließend zur intelligenten Verbindung.

Drittes Beispiel:

Die Küche, die alles konnte – nur nicht funktionieren. Küchen sind Herzenssache. Ein Ort der Begegnung, der Versorgung, der alltäglichen Rituale. Und gleichzeitig ein Verkaufsobjekt mit massivem Marketingdruck. In einem unserer Projekte hatte sich ein Paar bereits für eine High-End-Küche entschieden – geplant im Küchenstudio, perfekt gerendert, jede Nische ausgeleuchtet, jede Fläche mit Glanz- und Grifflosigkeit versehen. Es sah aus wie im Magazin. Doch als wir das Modell in die virtuelle Realität überführten, wurde schnell klar: hier stimmt etwas nicht.

Die Wege zwischen Kühlschrank, Spüle und Herd waren zu lang. Die Hochschränke ragten unangenehm in den Raum. Der Müll war nur erreichbar, wenn man zwei Türen aufriss – mit vollem Teller in der Hand. Und das Highlight – die freistehende Insel mit Barhockern – blockierte gleich zwei Laufwege. Wer kochte, stand im Weg. Wer sich setzte, war im Weg.

Das Paar war irritiert. Es hatte doch alles so gut ausgesehen. Doch genau hier liegt das Problem: Viele Küchenstudios liefern heute perfekte Renderings. Aber sie simulieren keine Nutzung. Sie verkaufen eine Szene – keine Funktion. In wirtschaftlich schwierigen Zeiten zählt der Verkauf. Nicht der Alltag.

Erst durch den virtuellen Rundgang wurde aus einem teuren Fehlkauf eine echte Entscheidung: Die Planung wurde überarbeitet, die Abläufe angepasst, der Raum sinnvoll zoniert. Nicht gegen das Design – sondern für ein besseres Erleben.

Fazit: Eine Küche muss nicht nur glänzen – sie muss leben. Und das zeigt sich nicht im Prospekt, sondern im Moment, in dem du mit einem vollen Glas durch den Raum gehst, die Schublade aufziehst und alles an seinem Platz ist. Oder eben nicht.

Es sind solche Aha-Erlebnisse, die zeigen: Pläne überzeugen oft im Kopf. Doch Entscheidungen entstehen im Körper. Im Gehen, im Fühlen, im Verstehen. Und genau dafür ist Virtual Reality da – damit aus Ideen echte Entscheidungen werden. Und aus Visionen Räume, die wirklich tragen.

Was VR nicht ersetzt – aber verbessert

Virtual Reality ist kein Zauberstab. Sie ersetzt keine fundierte Planung, kein gutes Design, keine erfahrene Beratung. Sie ist auch keine Abkürzung. Aber sie ist ein Werkzeug – und zwar eines, das die Qualität von Planung drastisch verbessern kann. Denn sie holt das Unsichtbare ans Licht. Sie zeigt nicht nur, wie etwas aussehen wird, sondern wie es sich anfühlt.

Was du in der VR spürst, sind keine hübschen Bilder – sondern Raumerlebnisse. Die Tiefe eines Raumes, die Enge eines Flurs, der Blick aus dem Fenster, die Distanz zwischen Esstisch und Küche – all das wird plötzlich real. Und damit überprüfbar. Die Gestaltung wird vom Konzept zur Erfahrung. Das macht sie greifbarer, verständlicher und überprüfbarer.

Gerade weil viele Bauherren keine Profis sind, ist diese Form der Simulation so wertvoll. Denn ein Raum, den du begehen kannst, bevor er gebaut wird, ist ein Raum, den du verstehen kannst. Und erst wer versteht, kann bessere Entscheidungen treffen.

Wichtig ist aber auch: VR ersetzt nicht den Prozess. Sie ergänzt ihn. Wer keine durchdachte Planung hat, bekommt durch VR nicht automatisch eine bessere Lösung. Wer kein gutes Design hat, sieht auch in der besten Simulation nur eine schlechte Vorlage. VR ist kein Generator – sie ist ein Spiegel. Und wie bei jedem Spiegel gilt: Er zeigt, was da ist. Nicht mehr, nicht weniger.

Darum ist Virtual Reality ein wertvoller Bestandteil – aber nie ein Ersatz – für echte Gestaltung. Sie stärkt die Zusammenarbeit. Sie entschärft Missverständnisse. Und sie bringt Bauherren, Designer und Architekten auf Augenhöhe.

Denn wenn alle dasselbe erleben – können sie auch gemeinsam besser entscheiden.

Virtual Reality in jeder Phase – aber mit unterschiedlichem Fokus

Virtual Reality ist nicht nur eine Hilfe in der Endphase eines Projekts – sie ist besonders stark, wenn sie früh eingesetzt wird. Genau dann, wenn es noch nichts zu sehen gibt. Wenn nur Linien auf einem Papier stehen, Wandachsen, Raumhöhen, Flächenverhältnisse. Genau dann fehlen vielen Bauherren Vorstellungskraft, räumliches Denken, ein Gefühl für Maßstab.

VR bringt in jeder Phase andere Stärken mit – und genau deshalb lohnt es sich, gezielt damit zu arbeiten:

In der Grundrissphase macht VR das Unsichtbare sichtbar. Man erkennt, wie Räume wirklich wirken, wie Blickachsen laufen, wie man sich bewegt, wo es eng oder weit wird. Schon bevor ein Stein gesetzt ist, wird klar: Passt das? Oder passt es nicht?

In der Detailplanung hilft VR, Lichtstimmungen zu simulieren, Übergänge zu prüfen, Materialien im Zusammenspiel zu erleben. Statt sich auf Renderings zu verlassen, kann man in die Atmosphäre eintauchen – und direkt erleben, wie sich der Raum anfühlt.

In der Bauphase schließlich wird VR zur Kontrollinstanz. Letzte Anpassungen, kleine Korrekturen, das Prüfen von Entscheidungen – all das lässt sich mit einem realitätsnahen Modell nochmal testen.

Das größte Potenzial liegt aber eindeutig am Anfang. Je früher Virtual Reality in die Planung einbezogen wird, desto größer ist der Gestaltungsspielraum – und desto geringer sind die Folgekosten. Denn was in der Idee verändert wird, kostet fast nichts. Was auf der Baustelle geändert werden muss, kostet Zeit, Geld, Nerven – und Vertrauen.

> Deshalb arbeiten wir mit einem flexiblen Modell: Die Investition in ein VR-Modell richtet sich nach der Projektphase und dem konkreten Ziel. So wird die Kosten-Nutzen-Rechnung für Bauherren transparent – und die Entscheidung für oder gegen eine Visualisierung nachvollziehbar.

Wichtig ist: Virtual Reality ersetzt keine Planung. Aber sie macht Planung sichtbar, verständlich, spürbar. Und damit wird sie zur echten Entscheidungshilfe – für dich, für dein Projekt, für dein zukünftiges Zuhause.

Unser Fokus: die kritische Frühphase

Bei INTERI.VISION liegt unser Schwerpunkt ganz bewusst auf der ersten, oft unterschätzten Phase jedes Bauprojekts: der Konzeptions- und Grundrissentwicklung. Hier werden die wichtigsten Entscheidungen getroffen – nicht nur auf dem Papier, sondern für dein späteres Lebensgefühl.

Denn genau in dieser Frühphase entscheidet sich, ob Räume funktionieren. Ob sie den Alltag mitgehen oder behindern. Ob sie flexibel sind oder von vornherein begrenzen. Ob der Grundriss nicht nur logisch, sondern auch stimmig ist. Und ob das, was gezeichnet wurde, sich später auch gut anfühlt.

Die klassische Planung arbeitet hier mit Plänen, Zahlen, Tabellen – und viel Hoffnung. Wir setzen stattdessen auf ein direktes Raumgefühl. Mit Virtual Reality holen wir das Erleben an den Anfang. Wir lassen dich durch dein zukünftiges Zuhause gehen, bevor überhaupt gebaut wird.

So erkennst du sofort, was noch nicht stimmt – und kannst es anpassen, solange es einfach, günstig und ohne Kompromisse möglich ist. Denn die größten Probleme im Hausbau entstehen oft nicht durch falsche Ausführung, sondern durch falsche Annahmen ganz zu Beginn.

Ein Wohnzimmer, das doch zu eng wirkt. Eine Küche, deren Wege nicht stimmen. Ein Luftraum, der schön gedacht – aber laut ist. All das lässt sich in dieser Phase visuell erleben, prüfen und verändern.

Virtual Reality ist hier kein Gimmick, sondern Werkzeug. Und zwar eines, das dann am meisten bringt, wenn der Rest noch flexibel ist. Wenn noch nichts gegossen, nichts festgelegt, nichts unwiderruflich ist.

Deshalb konzentrieren wir uns mit INTERI.VISION auf genau diese kritische Frühphase. Denn je klarer die ersten Antworten sind, desto ruhiger wird der ganze Planungsprozess. Und desto besser wird dein fertiges Zuhause.

Zusammenfassung:

- Bauherren überschätzen ihre räumliche Vorstellungskraft – Pläne und Renderings reichen nicht aus, um Raumwirkung realistisch zu beurteilen.

- Virtual Reality macht Raumdimensionen, Abläufe und Stimmungen vor dem Bau erlebbar und deckt früh Planungsfehler auf.

- Die immersive Erfahrung ermöglicht fundiertere, emotional wie funktional stimmigere Entscheidungen – bevor Kosten entstehen.

- Besonders in der frühen Konzeptionsphase ist VR ein strategisches Werkzeug zur Qualitätssicherung, nicht bloß ein technisches Extra.

KAPITEL 10

STAND OUT DESIGN: INTERIOR DAS WIRKT

Ein Ansatz, der tiefer geht – weil Räume mehr sind als Stilfragen

Was macht gute Räume wirklich aus? Diese Frage begleitet uns seit Jahren – und sie ist nie mit einem Moodboard oder einer Stilrichtung beantwortet. Unser Ansatz, den wir STAND OUT DESIGN nennen, geht tiefer. Er beginnt nicht mit Oberflächen, sondern mit dem Menschen. Mit seinem Alltag. Mit seinen Wünschen, Prägungen, Eigenheiten.

> Denn Räume sind keine Kulissen. Sie sind das Echo deines Lebens.

Deshalb interessiert uns nicht, was gerade „in" ist, sondern was dich ausmacht. Was dich entspannt. Was dich inspiriert. Was dir Sicherheit gibt oder Energie.

STAND OUT DESIGN denkt Räume nicht von außen nach innen – sondern umgekehrt. Von der Nutzung zur Stimmung, von der Funktion zur Atmosphäre. Es ist ein strukturierter Prozess mit kreativen Spielräumen. Mit echten Tools, die Entscheidungen leichter und klarer machen. Mit einer Kommunikation, die dich ernst nimmt – und dich nicht in Fachjargon verliert.

Dieses Kapitel zeigt dir, wie wir arbeiten. Was uns unterscheidet. Warum wir uns bewusst gegen schnelle Stilrezepte und modische Eintagsfliegen stellen – und was das für dich als Bauherr oder Bauherrin bedeutet.

Denn gutes Design beginnt nicht mit „Gefällt mir". Es beginnt mit Verstehen. Und mit einem Plan, der trägt – von der ersten Idee bis zum letzten Griff.

Philosophie statt Stilformel

STAND OUT DESIGN ist keine Stilformel. Kein modisches Etikett, keine Handschrift, die sich jedem Projekt überstülpt. Es ist ein individueller Zugang, der Räume aus dem Leben der Menschen entwickelt, die darin wohnen sollen. Nicht aus Katalogen. Nicht aus Trends.

Im Zentrum steht der Dialog – offen, ehrlich, auf Augenhöhe. Wir hören zu. Wir fragen. Wir wollen verstehen, was für dich funktioniert – und was nicht. Welche Erlebnisse dich geprägt haben, wie du lebst, was dich stört, was dich antreibt.

Design ist in diesem Prozess kein Produkt, das man „verkauft", sondern ein Ergebnis, das gemeinsam entsteht. Es geht nicht um Geschmäcker. Es geht um Bedeutungen.

> Ein Raum, der dich wirklich trägt, kann nicht aus reiner Ästhetik bestehen. Er muss dich spiegeln, dich fordern, dich entlasten. Er darf nicht laut sein, aber er darf Haltung haben –
> deine.

Deshalb suchen wir nicht nach Wiedererkennbarkeit, sondern nach Identität. Nicht nach Lautstärke, sondern nach Charakter. Nicht nach Dekoration, sondern nach Tiefe.

STAND OUT DESIGN bedeutet: kein Raum ist wie der andere. Denn kein Mensch ist wie der andere. Und genau das sieht – und spürt – man.

Unsere Kunden kommen oft mit Geschichten. Sie erzählen von der Wohnung ihrer Großmutter, in der es immer nach frischgebackenem Kuchen roch. Vom Holzhaus in Schweden, in dem sie einmal einen Sommer verbracht haben. Von dem Hotelzimmer, das sich irgendwie „nach ihnen" angefühlt hat – obwohl sie es nicht erklären können.

Sie reden von Farben, von Licht, von Klängen. Von einem Fenster, durch das morgens die Sonne schien. Von einer Küche, in der sich das ganze Leben versammelt hat – aber sie wissen nicht, warum es genau diese war.

Was sie selten sagen: „Ich brauche exakt 12 Laufmeter Stauraum, einen Esstisch mit Blick ins Grüne und eine zonierte Lichtführung, die Rückzug und Geselligkeit gleichermaßen erlaubt."

Deshalb ist unsere Aufgabe eine andere: zuhören, filtern, übersetzen. Die richtigen Fragen stellen – und noch wichtiger: zwischen den Zeilen lesen.

Es ist wie mit Zitronen. Unsere Kunden bringen uns viele davon – Eindrücke, Erlebnisse, Details. Aber sie wissen nicht, was sie daraus machen sollen. Unsere Aufgabe ist es, daraus eine Limonade zu machen: nicht zu süß, nicht zu sauer, aber mit Charakter. Individuell abgestimmt. Und so, dass sie zu ihrem Leben passt.

Ein Rezept dafür gibt es nicht. Aber es gibt Erfahrung, Feingefühl – und echtes Interesse am Menschen. Das ist der Anfang von gutem Interior Design. Und das ist STAND OUT DESIGN.

Von innen nach außen denken

Viele Entwürfe beginnen mit der äußeren Form. Mit Linien, Fassaden, Volumen. Doch Räume, die wirklich funktionieren – und wirken – entstehen anders. Sie beginnen im Inneren. Bei dem, was dort passiert.

Deshalb denken wir nicht von außen nach innen, sondern umgekehrt. Wir fragen zuerst: Was brauchst du in deinem Alltag? Welche Abläufe sind dir wichtig? Welche Routinen, welche Rückzugsorte, welche Interaktionen? Wie viel Ruhe brauchst du? Wo willst du Nähe, wo Abstand?

Dann geht es um das Gefühl. Welche Stimmung soll der Raum haben? Warm, klar, reduziert, lebendig, weich? Welche Materialien lösen bei dir Resonanz aus – und welche eher Widerstand?

Und erst dann kommt die Form. Denn wenn Nutzung und Atmosphäre stimmen, ergibt sich die äußere Gestalt fast von selbst. Sie ist keine stilistische Spielerei, sondern die logische Konsequenz eines durchdachten Innenlebens.

So entstehen Räume, die klar sind – aber nicht leer. Reduziert – aber nicht kalt. Konsequent – aber nicht hart. Räume, die nicht beeindrucken wollen, sondern begleiten.

Wenn du dich in einem Raum auf Anhieb wohlfühlst, liegt das selten an der Optik allein. Es liegt daran, dass er mit dir denkt – und mit dir fühlt. Von innen nach außen. Nicht andersherum.

Prozess mit Struktur – und Spielraum

Interior Design ist kein loses Brainstorming. Es ist ein strukturierter Weg – mit klaren Stationen, aber offen für Entwicklung. Der Weg beginnt immer mit einer Analyse: Wer lebt hier? Wie lebt man hier? Was braucht es – funktional und emotional? Wir hören zu, sortieren, ordnen – bis ein erster Entwurf sichtbar wird, der nicht nur stilistisch passt, sondern auch dem Leben entspricht.

Doch das bleibt nicht theoretisch. Aus einem guten Konzept wird Gestaltung – mit Substanz, nicht mit Oberflächen. Wir denken nicht nur in Farben oder Formen. Wir denken in Räumen. In Übergängen, Abläufen, Lichtachsen. In Materialien, die wirken und halten. In Atmosphären, die Menschen erreichen.

Und: Wir gestalten auch mit Blick auf die Umsetzung. Denn Design ohne Realisierung ist kein Design. Auch wenn wir keine Innenarchitekten sind, begleiten wir unsere Kunden durch diesen Prozess mit professionellen Partnern. Unser Netzwerk ist gewachsen – mit exzellenten Handwerkern, Lichtplanern, Schreinereien, Steinmetzen, Stofflieferanten, Wandfarbenherstellern. Sie alle teilen unseren Anspruch an Qualität und Verbindlichkeit.

> Ein gutes Konzept endet nicht am Bildschirm. Es wird gebaut. Und es bleibt nur dann gut, wenn es die gleiche Qualität in der Umsetzung erreicht wie in der Idee.

Wir bleiben dabei an deiner Seite. Als Übersetzer, Vermittler und Gestalter. Wir sorgen dafür, dass am Ende nicht nur ein Raum entsteht – sondern ein stimmiger, funktionierender und individueller Lebensraum. Klar. Verständlich. Echt.

Tools, die Entscheidungen einfacher machen

Tools gibt es viele. Kataloge, Collagen, PDFs, Materialmuster. Doch die wenigsten Werkzeuge im Planungsprozess helfen wirklich dabei, Entscheidungen sicher und selbstbewusst zu treffen. Bei STAND OUT DESIGN setzen wir deshalb auf zwei Instrumente, die unsere Arbeit nicht nur besonders, sondern auch besonders wirksam machen: Virtual Reality und unsere Moodboards. Und beide tun etwas, was in der Branche selten ist – sie emotionalisieren und klären gleichzeitig.

Virtual Reality ermöglicht unseren Kunden, Räume nicht nur zu sehen, sondern zu spüren. Es geht nicht um Showeffekte oder Marketingbilder. Es geht darum, Raumgefühl zu erleben – Maßstab, Licht, Blickachsen, Atmosphäre. Ein Wohnzimmer betreten. Eine Tür öffnen. Den Flur entlanggehen. Und dabei direkt merken, ob sich der Entwurf stimmig anfühlt. Entscheidungen werden dadurch nicht theoretisch, sondern greifbar – und das schon in einem sehr frühen Stadium der Planung.

Genauso besonders, aber auf ganz andere Weise: **unsere Moodboards**. Diese sind keine gängigen Materialsammlungen. Sie sind keine Aneinanderreihung von Fliesen und Furnieren, die gut zusammenpassen. Unsere Moodboards sind das Ergebnis einer intensiven, persönlichen

Auseinandersetzung – mit dir als Mensch. Sie verdichten deine Geschichte, deine Wünsche, deine Routinen, deine Erinnerungen. Sie bündeln Emotionen, Oberflächen, Farben, Haptiken und räumliche Strukturen zu einem dreidimensionalen, künstlerisch kuratierten Objekt.

Es sind daher eigentlich keine Moodboards, sondern **Designkonzept-Boards**.

Wir präsentieren dir das Board nicht einfach in einem Studio. Wir bringen es in deine Räume, stellen es dahin, wo es wirken kann. Und wir besprechen es ausführlich – nicht als Verkäufer, sondern als Übersetzer. Es ist ein Spiegel, ein Kompass, ein Impulsgeber. Noch nicht exakt genug, um die finale Fliese im Bad zu bestellen – aber genau richtig, um ein Gefühl dafür zu bekommen, was dir wirklich entspricht. Und du wirst merken: Dieses Board „spricht". Du kannst damit losziehen, in ein Fachgeschäft oder sogar in einen Baumarkt – und wirst plötzlich viel gezielter, sicherer, klarer Entscheidungen treffen. Weil du verstanden hast, was du brauchst.

Viele Innenarchitekten oder Interior Designer erstellen auch Materialboards. Doch oft sind sie geprägt von Lieferantenbindungen oder gestalterischen Routinen. Unsere Boards dagegen sind einmalig. Persönlich. Und in der Fachwelt werden sie inzwischen nicht nur bemerkt, sondern geschätzt – weil sie nicht nur ästhetisch, sondern erkenntnisreich sind.

Kommunikation auf Augenhöhe

Design ist kein Selbstzweck. Und kein Code, den nur Eingeweihte entschlüsseln können. Trotzdem reden viele in der Branche so, als müssten sie ein Geheimwissen verteidigen. Wir halten das für falsch. Denn echtes Design entsteht nicht im Monolog – sondern im Dialog.

Deshalb sprechen wir mit dir so, wie man mit jemandem spricht, den man ernst nimmt: klar, direkt, verständlich. Fachsprache ist kein Zeichen von Kompetenz, sondern oft ein Schutzschild gegen Rückfragen. Wir arbeiten anders. Wir erklären. Wir hören zu. Und wir sagen ehrlich, was funktioniert – und was nicht. Auch wenn das manchmal bedeutet, dass eine geliebte Idee fallen muss.

Denn Kommunikation auf Augenhöhe bedeutet auch Verantwortung. Wenn du mit uns arbeitest, bekommst du keine Show, sondern Substanz. Kein Labyrinth aus Optionen, sondern gezielte, reflektierte Vorschläge. Nicht zehn Varianten, damit du dich am Ende trotzdem überfordert fühlst – sondern zwei oder drei, die wirklich passen.

Wir nehmen dir nicht die Entscheidungen ab. Aber wir machen sie leichter. Weil du verstehst, worum es geht. Weil wir dich durch den Prozess führen. Und weil wir gemeinsam Entscheidungen treffen, die nicht nur jetzt gut aussehen – sondern sich auch in fünf Jahren noch richtig anfühlen.

Das ist für uns der Kern von Kommunikation: Vertrauen durch Klarheit. Und Gestaltung, die entsteht, weil sich zwei Perspektiven treffen – deine und unsere. Nicht gegeneinander, sondern miteinander. Nicht mit Druck, sondern mit Haltung. Und nie mit Bullshit.

Ergebnisse, die nicht schreien – sondern bleiben

Gutes Design braucht keine große Bühne. Es überzeugt nicht durch Lautstärke, sondern durch Tiefe. Wir gestalten keine Räume, die sofort „Wow" rufen – und nach drei Monaten nerven. Sondern Räume, die sich still und kraftvoll in dein Leben einfügen. Räume, die bleiben, weil sie durchdacht sind. Nicht modisch. Nicht gefällig. Sondern stimmig.

Unsere Entwürfe funktionieren nicht, weil sie aktuellen Trends folgen – sondern weil sie dich verstanden haben. Sie folgen keinem Stil-Dogma, keinem Pinterest-Katalog, keinem „So macht man das heute". Sie entstehen aus deinem Alltag, deinen Bedürfnissen, deinen Vorlieben. Und sie wachsen mit dir.

Was uns dabei leitet, ist nicht der Effekt – sondern die Wirkung. Wie fühlt sich der Raum morgens an? Wie lebt er mit dir im Alltag? Wie verändert er sich, wenn Besuch kommt, wenn du dich veränderst, wenn dein Leben andere Anforderungen stellt?

> Es geht uns nicht um die perfekte Fotoperspektive. Es geht
> darum, dass du dich in deinem Zuhause selbstverständlich
> fühlst. Sicher. Klar. Angekommen.

Solche Räume muss man nicht erklären. Man spürt sie. Und sie bleiben. Nicht, weil sie sich in den Vordergrund drängen – sondern weil sie dir Raum geben.

Das ist das Ziel von STAND OUT DESIGN: Gestaltung, die nicht schreit. Sondern spricht. Und dabei immer deine Sprache findet.

Design ist eine Entdeckungsreise

Am Ende eines gelungenen Interior Design Prozesses steht nicht nur ein schöner Raum. Sondern ein neues Verständnis von dir selbst. Denn der Weg dorthin ist mehr als eine gestalterische Aufgabe – er ist eine persönliche Reise. Wer sich auf diesen Prozess einlässt, entdeckt oft Facetten, die vorher nicht sichtbar waren: Gewohnheiten, die infrage gestellt werden. Bedürfnisse, die neu erkannt werden. Wünsche, die sich klären.

Doch das geht nur, wenn du bereit bist, dich einzubringen. Emotional, gedanklich, praktisch. Wer glaubt, Design sei etwas, das man einfach abgibt – und am Ende wird es schon irgendwie schön –, der wird enttäuscht. Denn Räume, die wirklich zu dir passen, entstehen nicht durch Delegation, sondern durch Beteiligung.

Es ist ein gemeinsamer Prozess. Nicht nur zwischen dir und dem Interior Designer, sondern auch zwischen allen Beteiligten auf deiner Seite. Der Partner, die Partnerin, die Familie – alle, die in diesen Räumen leben, sollten mitgedacht werden. Es geht nicht darum, dass alle denselben

Geschmack haben. Es geht darum, gemeinsam einen Raum zu gestalten, der trägt – für euch alle.

Wir erleben immer wieder Situationen, in denen eine Person entscheidet, die andere aber nicht eingebunden wurde. Der Mann plant, die Frau wohnt. Oder umgekehrt. Der erwachsene Sohn gestaltet für die Eltern – ohne sie zu fragen. Oder ein junger Mensch will beeindrucken, aber nicht gemeinsam gestalten. Das funktioniert nie.

Wirklich gutes Interior Design gelingt nur, wenn du dich einbringst. Wenn du bereit bist, zu erzählen, zu hinterfragen, dich überraschen zu lassen – auch von dir selbst. Vielleicht wirst du plötzlich feststellen, dass du es ganz anders brauchst, als du dachtest. Vielleicht wird dir klar, warum dich bestimmte Räume früher genervt oder erdrückt haben. Vielleicht spürst du zum ersten Mal, wie sehr Gestaltung dein Leben verbessern kann.

Und genau dann passiert das Entscheidende: Du wirst Teil des Designs. Es ist nicht mehr für dich gemacht – es ist mit dir entstanden. Und dann passt es nicht nur optisch. Sondern ganzheitlich. Echtheit statt Inszenierung. Resonanz statt Show.

Design ist kein Produkt. Es ist ein Dialog. Und wenn du bereit bist, zuzuhören – und zu antworten –, dann entsteht etwas, das bleibt. Für dich. Und mit dir.

Zusammenfassung:

- STAND OUT DESIGN ist ein methodischer Gestaltungsansatz, der Räume aus den individuellen Lebensmustern und Bedürfnissen der Menschen entwickelt – nicht aus Trends.

- Der Prozess verbindet Struktur und Atmosphäre systematisch: mit klaren Tools, analytischer Gesprächsführung und gestalterischer Präzision.

- Tools wie Virtual Reality und kuratierte Moodboards dienen nicht der Inszenierung, sondern der fundierten Entscheidungsfindung.

- Ziel ist nicht Stil, sondern Stimmigkeit: Räume, die ruhig, funktional, langlebig und emotional tragfähig sind – jenseits kurzlebiger Ästhetik.

KAPITEL 11

DEIN FAHRPLAN ZUM GELUNGENEN WOHNTRAUM

Vom diffusen Gefühl zur gelebten Realität – dein Weg zu stimmigen Räumen

Viele beginnen mit einem Wunsch: schöner wohnen, endlich ankommen, sich rundum wohlfühlen. Doch dieser Wunsch ist oft vage – und der Weg dahin wirkt wie ein Labyrinth aus Entscheidungen, Meinungen und Möglichkeiten. Pinterest-Ordner wachsen, Beratungsgespräche verwirren, und am Ende bleibt das Gefühl: Wo fange ich eigentlich an?

Dieses Kapitel zeigt dir, wie du aus deinem Gefühl ein klares Konzept machst. Es ist dein Fahrplan – kein starres Schema, sondern ein strukturiertes Vorgehen, das dir Sicherheit gibt, ohne dich zu beschneiden. Denn gutes Interior Design ist kein Zufallsprodukt. Es entsteht aus

Verständnis, aus Klarheit – und aus Mut, sich mit den eigenen Bedürfnissen auseinanderzusetzen.

Der Weg führt nicht zuerst zum Möbelhaus, sondern zu dir selbst. Erst wenn du weißt, wie du lebst – und wie du leben willst – kannst du Räume gestalten, die dich wirklich tragen. Und genau darum geht es in diesen sieben Schritten: nicht um möglichst viel Input, sondern um die richtigen Fragen zur richtigen Zeit.

Wir nehmen dich mit durch Analyse, Struktur, Gestaltung und Überprüfung. Wir zeigen dir, wann du was entscheiden solltest – und wie du mit Tools wie Virtual Reality echte Sicherheit gewinnst. Du musst kein Profi sein, um klug zu planen. Aber du brauchst einen klaren Prozess. Diesen bekommst du jetzt.

Schritt 1: Klarheit vor Konzept – Wer du bist, entscheidet, wie du wohnst

> Bevor du Räume planst, musst du dich selbst verstehen – und erkennen, was du wirklich brauchst.

Bevor die erste Wand gezogen, das erste Möbelstück ausgesucht oder die erste Lampe positioniert wird, steht eine ganz andere Frage im Raum: Wer bist du – und wie willst du leben? Diese Frage ist der Schlüssel zu jedem guten Wohnkonzept. Denn Architektur, Einrichtung und Design können nur dann stimmig sein, wenn sie dich und dein Leben widerspiegeln.

Viele beginnen mit Moodboards oder Listen: „Ich mag helle Töne", „Ich brauche Stauraum", „Ich liebe skandinavisches Design." Doch das reicht nicht. Es sind Etiketten, keine Einsichten. Der Weg zum stimmigen Raum beginnt nicht mit dem, was dir gefällt – sondern mit dem, was dich ausmacht. Was brauchst du wirklich? Welche Routinen prägen deinen Alltag? Was macht dich zufrieden, worauf reagierst du sensibel?

Es geht nicht um Idealbilder. Es geht darum, welche Räume dein Leben wirklich tragen können. Bist du eher ein Rückzugsmensch oder lebst du in Gemeinschaft? Liebst du Ordnung oder brauchst du kreative Unruhe? Welche Rolle spielen Licht, Stille, Klang, Materialität in deinem Empfinden? Wie wichtig ist dir Kontrolle – oder Freiheit? Das sind keine philosophischen Fragen, sondern ganz konkrete Bausteine für deine räumliche Realität.

Dabei helfen dir keine Fragebögen von der Stange. Es braucht Gespräche, Beobachtung, ein genaues Zuhören. In unserer Planung beginnen wir nicht mit Raumaufteilung, sondern mit Menschen. Denn nur wer dich wirklich versteht, kann Räume für dich entwerfen, die sich nicht nach außen gut verkaufen – sondern sich nach innen richtig anfühlen.

Dieser Schritt ist auch unbequem. Er fordert dich. Du musst Entscheidungen treffen, nicht nach Trends, sondern nach Wahrheiten. Doch je klarer du hier bist, desto leichter wird alles danach. Räume, die wirklich zu dir passen, entstehen nicht durch Kopieren – sondern durch ehrliche Selbstkenntnis. Der Rest ergibt sich daraus fast wie von selbst.

Schritt 2: Der Grundriss lügt nicht

Viele Grundrisse sehen auf den ersten Blick schlüssig aus. Quadratmeter stimmen, Räume sind „irgendwie logisch" angeordnet, Türen und Fenster sind da, wo man sie erwartet. Doch genau hier liegt die Gefahr: Man versteht den Plan – aber man spürt ihn nicht.

> Ein Grundriss ist zweidimensional. Aber dein Leben ist es nicht.

Menschen bewegen sich, interagieren, denken, fühlen – und das tut man nicht in Linien, sondern in Beziehungen. Wo ist dein Arbeitsplatz im Verhältnis zum Familienleben? Wie lang sind die Wege vom Kinderzimmer zum Bad, von der Küche zur Terrasse? Gibt es tote Ecken oder Blickachsen, die immer stören werden?

Ein häufiger Fehler: man plant, als ob alles gleichzeitig statisch und perfekt sei. Doch dein Alltag kennt kein Raster. Er ist ein System aus Gewohnheiten, Abläufen, Stimmungsschwankungen, Routinen und Ausnahmen. Genau dafür muss der Grundriss ein Resonanzkörper sein. Sonst wirst du dich in ihm irgendwann fremd fühlen – selbst wenn er auf dem Papier funktioniert hat.

In unserer Arbeit analysieren wir Grundrisse mit einem klaren Blick für Alltagslogik. Wir achten auf Bewegungsflüsse, Sichtachsen, Übergänge und Raumbeziehungen – nicht nur auf Maße und Flächen. Wir simulieren das echte Leben darin: Einkäufe reintragen, Kinder ins Bett bringen, Gäste empfangen, morgens in Eile sein.

Denn Raum funktioniert nicht nur in Quadratmetern – sondern in Dynamik. Je besser du verstehst, wie ein Raum wirklich lebt, desto weniger wirst du später bereuen. Und das geht nur, wenn man den Grundriss nicht als Skizze sieht – sondern als Bühne für das Leben, das du führen willst.

Schritt 3: Zonierung und Licht – Struktur schafft Stimmung

Viele Grundrisse kennen nur Räume – aber keine Zonen. Dabei ist es entscheidend, wie sich ein Raum anfühlt, nicht nur, wofür er gedacht ist. Und genau dafür braucht es Zonierung: Die bewusste Gliederung von Bereichen nach Funktion, Aktivität und Rückzug.

Ein offener Grundriss ist heute beliebt – aber Offenheit allein ist kein Konzept. Ohne Zonierung verliert man schnell Orientierung. Es fehlt an Halt, an Struktur, an Rhythmus. Es entsteht kein Wechselspiel zwischen Aktivität und Ruhe, zwischen Öffentlichkeit und Privatsphäre. Räume brauchen beides: klare Linien und weiche Übergänge.

Licht ist dabei ein unterschätzter Schlüssel. Tageslicht bringt nicht nur Helligkeit – es schafft Stimmung, definiert Zonen, betont Übergänge. Und Kunstlicht kann genau das ergänzen oder konterkarieren. Wer Licht nur als technische Größe sieht, verpasst die größte emotionale Gestaltungskraft im Raum.

In dieser Planungsphase geht es nicht mehr um Wände und Fenster – sondern um Wirkung. Wo ist der aktivste Bereich im Raum? Wo darf es ruhiger werden? Wo zieht der Blick zuerst hin, wenn man den Raum betritt? Wer diese Fragen beantwortet, hat bereits ein Gefühl für Raumqualität entwickelt.

Wir helfen dabei, diese Qualitäten greifbar zu machen – mit Lichtsimulationen, Zonierungsplänen und, wenn gewünscht, begehbaren VR-Modellen. Denn du sollst nicht nur sehen, wie dein Raum aufgeteilt ist. Du sollst fühlen, wie du dich darin bewegst. Das ist der Unterschied zwischen einem Raum und einem Zuhause.

Schritt 4: Stauraum und Alltagstauglichkeit mitdenken

Stauraum ist nicht sexy. Er steht nicht auf Pinterest, er taucht nicht in Hochglanz-Renderings auf, und in vielen Grundrissskizzen fehlt er gleich ganz. Aber er entscheidet maßgeblich darüber, ob ein Zuhause funktioniert – oder im Alltag zur Belastung wird.

Was auf dem Papier noch großzügig wirkte, wird schnell zur Stolperfalle, wenn keine Garderobe für Winterjacken vorgesehen ist, keine Speisekammer den Wocheneinkauf aufnimmt oder keine Techniknische den Staubsauger verschwinden lässt. Wer Stauraum nicht aktiv plant, bekommt Chaos – oder muss teure Kompromisse nachrüsten.

> Alltagstauglichkeit heißt: Denken in Bewegungen, Routinen, Abläufen.

Wie kommst du ins Haus, wohin mit dem Einkauf? Wo ziehst du die Schuhe aus, wo lagert das Putzzeug? Es sind diese scheinbar kleinen

Dinge, die große Auswirkungen haben – auf Atmosphäre, Ordnung, Lebensqualität.

Deshalb analysieren wir gemeinsam mit dir nicht nur, wie du wohnen willst, sondern auch, wie du lebst. Welche Mengen an Kleidung, Akten, Werkzeug, Kisten sind wirklich da? Wer regelmäßig Gäste empfängt, braucht andere Stauraumlösungen als jemand, der minimalistisch lebt. Und wer im Homeoffice arbeitet, hat ganz andere Anforderungen an Technik- und Dokumentenplätze.

Gute Stauraumplanung bedeutet auch: Unsichtbarkeit. Technik, Kabel, Vorräte – all das will nicht gesehen, aber genutzt werden. Deshalb gehört Stauraum dorthin, wo er stört, wenn er fehlt – aber wirkt, wenn er klug platziert ist: unter der Treppe, hinter Schiebetüren, in Nischen, im Flur.

Interior Design bedeutet, diese Dinge nicht am Ende irgendwie „mitzudenken", sondern von Anfang an zu integrieren. Denn du wirst deinen Raum nicht nur ansehen – du wirst in ihm leben. Und je mehr Alltag du mitdenkst, desto weniger wird er dich irgendwann überfordern.

Schritt 5: Einrichtungskonzept mit Substanz entwickeln

Viele glauben, Einrichtung sei einfach eine Frage des Geschmacks: Farbe aussuchen, Sofa bestellen, ein Teppich dazu – fertig. Doch wer so plant, endet oft in einem Raum, der aussieht wie ein Showroom. Korrekt eingerichtet, aber nicht wirklich bewohnbar. Stimmig, aber nicht stimmend.

Ein echtes Einrichtungskonzept geht tiefer. Es verbindet Funktion mit Gefühl. Es basiert nicht auf spontanen Vorlieben, sondern auf durchdachten Entscheidungen, die aus deiner Persönlichkeit, deinen Routinen, deinem Lebensrhythmus abgeleitet wurden. Was brauchst du wirklich? Was stört dich im Alltag? Was gibt dir Ruhe, was aktiviert dich?

Wir entwickeln Konzepte, die Haltung zeigen – nicht bloß Stil. Räume, die dich spiegeln, statt einem Trend zu folgen. Materialien, die dich berühren – nicht nur visuell, sondern haptisch, atmosphärisch. Farben, die dir entsprechen, nicht dem Algorithmus eines Einrichtungsmagazins.

Dazu gehört auch, dass wir dich nicht mit tausend Optionen überfordern. Sondern dir Klarheit verschaffen. Welche Möbel passen zu dir? Welche Proportionen machen den Raum ruhig? Welche Texturen ergänzen sich? Und wie wirken all diese Elemente zusammen – nicht einzeln, sondern im Zusammenspiel?

Unser Ziel ist nicht der perfekte Instagram-Post, sondern ein Zuhause, das du nicht nur schön findest, sondern in dem du dich erkennst. Eine Einrichtung, die dich trägt. Und Entscheidungen, die du nicht hinterfragst, sondern fühlst. Denn gute Einrichtung macht Räume nicht voll – sie macht sie sinnvoll.

Schritt 6: Virtual Reality Review – Erleben statt vermuten

Nichts ersetzt das Erleben. Pläne kannst du lesen – Räume musst du spüren. Genau das macht Virtual Reality möglich: ein echtes Raumerlebnis noch bevor auch nur ein Stein gesetzt ist.

Mit unserer VR-Planung machen wir deine Ideen begehbar.

> Du siehst nicht nur, wie dein zukünftiges Zuhause aussehen wird – du erlebst, wie es sich anfühlen wird.

Du gehst durch deine Küche, drehst dich in deinem Schlafzimmer um, öffnest im Geiste schon die Tür zum Bad. Du spürst, ob etwas zu eng ist, ob Blickachsen stimmen, ob der Raum dich trägt – oder überfordert.

Und das Beste: Wir setzen VR nicht erst am Ende ein, wenn alles fertig ist. Wir arbeiten in verschiedenen Reifegraden – je nach Planungsstand. In der Grundrissphase geht es vor allem um Proportionen, Wege, Sichtachsen. In späteren Phasen kommen Materialität, Lichtstimmungen und Details dazu. Je weiter das Projekt, desto konkreter das Erlebnis.

Für dich heißt das: echte Sicherheit. Du triffst keine Entscheidung im Blindflug. Du bekommst Aha-Erlebnisse – nicht auf der Baustelle, sondern im Vorfeld. Du erkennst, was stimmig ist – nicht aus dem Bauch, sondern mit dem ganzen Körper.

Denn dein Gefühl ist der beste Sensor für gute Planung. Und Virtual Reality ist das Tool, das dieses Gefühl zugänglich macht. Es ersetzt keine Planung – aber es macht sie überprüfbar.

Du korrigierst nicht später – du planst klüger. Und du investierst in Klarheit statt in Korrekturen.

Schritt 7: Feintuning mit Tiefenschärfe

Am Ende eines jeden Planungsprozesses steht die Vollendung – nicht das Überfrachten. Es geht nicht darum, möglichst viel hineinzupacken, sondern die richtigen Entscheidungen bis ins Detail zu führen. Feintuning heißt nicht: noch ein Kissen, noch ein Accessoire. Es heißt: Präzision in Übergängen, Klarheit in Proportionen, Ruhe im Gesamtbild.

Jetzt zeigt sich, ob dein Konzept trägt. Ob die Texturen sich ergänzen, die Farben miteinander sprechen, die Lichtstimmung die gewünschte Atmosphäre schafft. Ob die Nischen am richtigen Ort sind. Ob Griffe, Sockel,

Schalter, Kanten nicht nur da sind – sondern stimmig sind. Design wird hier nicht zur Show – sondern zum Subtext. Leise, aber wirksam.

Feintuning heißt auch: mutig sein. Dinge weglassen, die ablenken. Entscheidungen treffen, die nicht dem Trend folgen, sondern deinem Weg. Wir helfen dir, in dieser Phase nicht zu verzetteln. Sondern zu schärfen, zu verdichten, zu ordnen.

Das Ziel ist nicht ein Katalograum. Sondern ein Ort, der sich wie du anfühlt – aber klarer. Der dich repräsentiert – aber dich nicht kopiert.

Design mit Tiefenschärfe ist Design mit Haltung. Es ist keine Spielerei, sondern der letzte Schritt zu einem Zuhause, das nicht nur gebaut, sondern gestaltet wurde. Kein Zufall, keine schnelle Entscheidung – sondern der bewusste Abschluss eines Wegs, der bei dir begonnen hat. Und der dich genau dorthin führt, wo du wirklich wohnen willst.

Zusammenfassung:

- Gutes Wohnen beginnt mit Selbstklärung – nicht mit Möbelauswahl. Wer sich selbst versteht, kann bessere räumliche Entscheidungen treffen.

- Der Planungsprozess wird in sieben aufeinander aufbauende Schritte gegliedert – von Bedürfnisanalyse über Grundrisslogik bis zum Feintuning.

- Methodisch fundierte Entscheidungen (z. B. zu Zonierung, Licht, Stauraum) verhindern spätere Reibungspunkte im Alltag.

- Virtual Reality wird gezielt als Entscheidungshilfe integriert – nicht als Showeffekt, sondern zur Überprüfung von Proportion, Funktion und Gefühl.

- Ziel ist eine klare, nachvollziehbare Planung, die individuell passt – und emotional wie praktisch langfristig trägt.

KAPITEL 12

DEIN RAUM. DEIN LEBEN. DEIN NÄCHS-
TER SCHRITT

Du hast dieses Buch gelesen, weil du nicht einfach bauen willst – sondern richtig leben. Weil du verstanden hast, dass Räume mehr sind als Wände, Maße und Möbel. Sie sind Entscheidungen. Sie sind Ausdruck. Sie sind dein Alltag – in architektonischer Form.

Vielleicht hast du dich an manchen Stellen wiedergefunden. Vielleicht hast du gemerkt, wie viele Fragen noch offen sind. Und vielleicht hast du erkannt, dass du Unterstützung brauchst – nicht, weil du unfähig bist. Sondern weil du weißt, dass gute Ergebnisse echte Partnerschaft verlangen.

Genau dafür sind wir da:

- Mit **STAND OUT DESIGN** für ein Interior Design, das dich wirklich meint – und nicht bloß gefällt.

- Mit **INTERI.VISION** für Planungssicherheit und emotionale Klarheit – lange bevor gebaut wird.

Wenn du willst, begleiten wir dich. Mit Erfahrung, mit System, mit Gefühl. Ohne Druck. Aber mit Klartext.

Besuche uns auf **stand-out-design.com** und **interi.vision** –

und **folge uns auf Instagram**:
@stand_out_design und @interi.vision.

Denn dein Raum verdient mehr als Zufall.

Er verdient dich – in deiner besten Version.

ANHANG

DEIN PLANUNGSKOMPASS FÜR DEN ALLTAG

1. Bist du wirklich bereit zu bauen?

Selbstcheck vor der ersten Entscheidung

Bauen ist nicht einfach ein Projekt – es ist eine Lebensentscheidung. Und obwohl viele Bauherren glauben, „bereit" zu sein, zeigt sich oft erst mitten im Prozess, wie lückenhaft das Fundament wirklich ist – nicht das bauliche, sondern das persönliche. Bevor du dich in Pläne, Kosten, Grundrisse und Baustellen stürzt, nimm dir einen Moment. Die folgenden Fragen helfen dir, zu erkennen, wo du stehst – und ob du schon wirklich bereit bist. Nicht mit Geld oder Genehmigungen. Sondern mit Haltung, Klarheit und Verantwortung.

15 Fragen, die mehr sagen als Quadratmeterzahlen:

1. Warum willst du überhaupt bauen – und warum jetzt?

2. Wofür brauchst du mehr Raum – und was fehlt dir heute wirklich?

3. Wer trifft bei euch die Entscheidungen – und wie?

4. Kannst du Wünsche von echten Bedürfnissen unterscheiden?

5. Wie gehst du mit Kompromissen um?

6. Ist dir klar, dass du nicht alles vorab wissen kannst – aber trotzdem entscheiden musst?

7. Weißt du, wie du leben willst – nicht nur heute, sondern in fünf oder zehn Jahren?

8. Welche Rolle spielt Design für dich – und bist du bereit, dich darauf einzulassen?

9. Wie viel Mitbestimmung brauchst du – und wie viel kannst du abgeben?

10. Hast du ein realistisches Budget – oder ein Bauchgefühl mit Hoffnung?

11. Wie gehst du mit Druck, Unsicherheit und Komplexität um?

12. Vertraust du auf Expertise – oder brauchst du Kontrolle über jedes Detail?

13. Wie wichtig sind dir Atmosphäre, Materialien, Licht, Haptik – wirklich?

14. Willst du ein Haus – oder ein Zuhause?

15. Hast du mit deinem Partner/deiner Partnerin schon ehrlich über all das gesprochen?

Was du geklärt haben solltest, bevor du loslegst:

- Eine gemeinsame Vision – auch wenn sie sich noch entwickelt.

- Die Bereitschaft, dich auf professionelle Begleitung einzulassen.

- Klarheit über deine Prioritäten: Funktion, Ästhetik, Budget, Lebensstil.

- Die Erkenntnis, dass du nicht alles weißt – und genau deshalb besser planen kannst.

Was du lieber nochmal überdenkst:

- Wenn Pinterest deine einzige Inspirationsquelle ist.

- Wenn dein Budget nicht zur Wunschliste passt.

- Wenn du Entscheidungen vertagen willst – bis es zu spät ist.

- Wenn du glaubst, dass gute Planung zu viel kostet.

- Wenn du denkst, du kannst alles allein entscheiden – ohne Konsequenzen.

Es geht nicht darum, alles perfekt zu wissen. Aber es geht darum, die richtigen Fragen zu stellen – bevor es andere für dich tun. Und bevor die Räume antworten – mit Enttäuschung, statt mit Freude.

2. Die richtigen Fragen – an die richtigen Leute

Wer mit den falschen Fragen beginnt, bekommt selten die Antworten, die wirklich weiterhelfen. Und wer die richtigen Leute fragt – aber nicht weiß, wie – verliert schnell Zeit, Geld und Nerven. Dieser Abschnitt hilft dir, Gespräche besser zu führen: mit Architekten, mit Innenarchitekt:innen – und mit Interior Designer:innen wie uns.

Denn wie du fragst, zeigt auch, wie du denkst. Und wer dich begleitet, sollte das verstehen.

Was du Architekten unbedingt fragen solltest:

1. Wie arbeiten Sie am liebsten mit Ihren Kunden zusammen? (Stichwort: Kommunikation, Transparenz, Partizipation.)

2. Wie binden Sie das Thema Innenraum in Ihre Planung ein – und wann? (Frühzeitig oder erst am Ende? Stichwort: ganzheitlicher Ansatz.)

3. Wie gehen Sie mit Änderungswünschen während des Prozesses um? (Flexibilität vs. Prozesssicherheit.)

4. Wie läuft die Abstimmung mit anderen Fachplanern – z. B. Interior Design oder Lichtplanung? (Gibt es Offenheit für interdisziplinäre Zusammenarbeit?)

5. Wie denken Sie über Materialwahl, Licht, Atmosphäre – ist das für Sie Teil des Entwurfs oder Aufgabe anderer?

6. Können wir auch in 3D planen – ggf. mit Virtual Reality – oder arbeiten Sie ausschließlich mit Plänen?

Worauf du bei Innenarchitekt:innen achten solltest:

1. Wie sieht Ihr typischer Planungsprozess aus? Wann werden welche Entscheidungen getroffen? (Ein strukturierter Ablauf gibt Sicherheit.)

2. Wie integrieren Sie emotionale, persönliche Aspekte in Ihre Entwürfe? (Stichwort: Wohnen als Lebensraum, nicht nur Funktion.)

3. Wie grenzen Sie sich von Einrichtungsberatung ab? (Hier zeigt sich das Selbstverständnis.)

4. Wie gehen Sie mit vorgegebenen Budgets um? Wird realistisch kalkuliert oder schöngerechnet?

5. Wie arbeiten Sie mit externen Partnern wie Schreinern, Lichtplanern, Bauunternehmen?

6. Was ist für Sie gutes Design? (Die Antwort verrät Haltung – nicht Geschmack.)

Welche Fragen dir ein guter Interior Designer stellt – und was das über die Zusammenarbeit sagt:

1. Wie leben Sie? Was nervt Sie im Alltag? Was macht Ihnen Freude?
   → Ein guter Designer beginnt beim Menschen – nicht bei der Fläche.

2. An was erinnern Sie sich gerne – an Orte, Gerüche, Farben, Licht?
   → Das zeigt, wie tief die Gestaltung greifen soll.

3. Was möchten Sie mit diesem Zuhause erreichen – was darf sich verändern?
   → Gutes Design unterstützt auch persönliche Entwicklung.

4. Was bedeutet Ihnen „Schönheit" – und was „Zuhause"?
   → Hier geht es um Werte, nicht um Mode.

5. Wie entscheidungsfreudig sind Sie – und wie wichtig ist Ihnen Kontrolle?
   → Hilft, die Kommunikation zu gestalten.

6. Sind Sie bereit, sich überraschen zu lassen – im besten Sinn?
   → Design lebt von Vertrauen. Ohne das geht es nicht.

Die besten Projekte entstehen nicht durch perfekte Briefings – sondern durch offene Gespräche. Frag ehrlich, hör genau hin, und bewerte nicht nur Kompetenz, sondern auch Haltung. Denn wer dich wirklich versteht, wird Räume schaffen, die du nicht nur bewohnst – sondern lebst.

3. Budgetfallen und wie du sie vermeidest

Wer baut oder umbaut, rechnet. Doch selten richtig – und fast nie früh genug. Die größte Kostenfalle ist nicht das teure Möbelstück oder der edle Bodenbelag. Es ist die fehlende Klarheit. Denn jede ungeklärte Frage kostet später doppelt – erst Nerven, dann Geld.

Planungslücken, die später fünfstellig werden:

- Keine Stauraumstrategie: Wer das Haus fertig geplant hat und dann merkt, dass die Garderobe fehlt, braucht teure Einbaulösungen, Sonderanfertigungen – oder lebt im Chaos.

- Fehlende Lichtplanung: Spots falsch gesetzt? Wandleuchten vergessen? Nachinstallationen im fertigen Ausbau kosten schnell tausende Euro – plus Ärger.

- Unterschätzte Möblierung: Ein Wohnzimmer, das auf dem Papier großzügig wirkt, kann in der Realität zu eng sein für ein Sofa mit Tisch und Laufweg. Wer erst nach Einzug feststellt, dass der Raum nicht funktioniert, verliert Quadratmeter – und Lebensqualität.

- Technik nicht mitgedacht: Wenn Smart-Home-Komponenten, Steckdosen oder Netzwerkpunkte fehlen, wird's teuer – und sieht oft nachträglich improvisiert aus.

- Ästhetische Notlösungen: Wer keine Materiallogik hat, greift zu beliebigen Kombinationen. Das wirkt unstimmig – und wird später „verschönert". Diese zweite Runde ist unnötig teuer.

Wo du besser investierst – und wo du sparen kannst:

Besser investieren bei:

- Konzeptarbeit und ganzheitlicher Planung

- Lichtplanung und Akustik

- Qualitativ hochwertigen, dauerhaften Oberflächen

- Maßgeschneiderter Möblierung, wenn nötig

Sparen kannst du bei:

- Modischer Ausstattung, die in zwei Jahren überholt ist

- Übertriebenen Technikspielereien, wenn sie nicht zu dir passen

- Kurzlebigen Dekotrends oder Luxusmarken ohne funktionalen Mehrwert

Warum Interior Design oft günstiger ist als das, was nachgebessert werden muss

Interior Design wirkt im ersten Moment wie ein zusätzlicher Kostenpunkt. Aber genau das Gegenteil ist der Fall.

Gute Gestaltung spart dir:

- Fehlkäufe, weil du deine Bedürfnisse vorher kennst

- Teure Umbauten, weil der Ablauf früh durchdacht wurde

- Nerven und Zeit, weil du nicht fünfmal neu planen musst

- Verlorene Lebensqualität, weil du wirklich passend lebst

> Die Faustregel lautet: Eine Stunde guter Planung spart zehn Stunden Umbau. Und eine klare Entscheidung im Konzept ist günstiger als jeder Kompromiss beim Einrichten.

Plane so, als würdest du alles zweimal bezahlen – und tue dann alles dafür, dass du es nur einmal musst. Interior Design bringt Struktur, Klarheit und Weitblick in dein Projekt. Es ist kein Luxus – es ist die beste Versicherung gegen Reue.